The Civilization of Light
光の文明

第一集　魂の記憶

朝日 れみ

明窓出版

はじめに

昨年三月十一日に東日本大震災が発生し、その後、原発問題が浮上し、今もなお不安を抱えて生活している方が、おおぜいいらっしゃいます。

夏には熱中症でバタバタ倒れる人が続くかと思うと、一日で季節が逆戻りしたような涼しい日がきたり、一時間に五十ミリを超えるようなゲリラ豪雨に見舞われたり、いったい自然はどうなっているの？　日本は、世界は、地球は、この先どうなるの？　誰もがその疑問をどこに持っていったらいいのか、その答えを待ち望んでいるのではないかと思います。


私は、子どもの頃からいわゆる「直感」で動いてきました。

両親が特別な宗教に入っていたわけでもないので、私自身、特定された世界ではなく、もっと大きな、目に見えない存在に心惹かれるものがありました。

誰から教わったわけでもありませんが、人間として生まれてきたのには、何か意味があり、果たさなくてはいけない務めがあるということを感じながら成長しました。

心の感じるままに、神社・仏閣・雄大な自然を訪れているうちに、いつしかこの物質世界とは異なる、口では説明できない世界を知るようになりました。

アセンションが近づいている今、世の中には人の不安をあおるような情報も多く見られます。

本当のことを知りたい、と思われる皆さんのために、私の知り得た内容を少しでも広めることが自分の果たすべきこと、と思い、本書を出版することにいたしました。

一人でも多くの方がこの本を手に取り、内容を理解され、幸せな未来を築かれますように心よりお祈りいたします。

光の文明　第一集　魂の記憶　目次

第一部

かけがえのないあなたへ

一章　すべての方へ

一　自然のいのち

【山にも命がある。山には力がある。自然こそすべて、宇宙の一部。新しい感覚が生まれるであろう】

この世に偶然はない。そのことは漠然と知りながらも、特別深く考えることはありませんでした。しかし、ある些細な出来事をきっかけに、偶然はないということをより素直に受け入れ、深く考えられるようになったのです。

それは、桜の花びらが絨毯《じゅうたん》になる季節。私が鞍馬の山を歩いていた時のことです。前日まで降っていた雨の影響で、足元がかなりぬかるんでいました。一歩一歩進むことに集中し、何時間もかけてやってきた鞍馬の山の空気を感じることもなく、景色を楽しむわけでもなく、とにかく歩くことに必死でした。そんな時、私の前を歩いていた老夫婦の会話が突然耳に入ってきたのです。

「大きく息を吸って、お腹で呼吸するようにしたら、楽になるぞ」

「しかしこの山はどれくらい前に生まれたのかしら」

「何百年も前なんじゃない?」

「山の一生に比べたら、人間の一生なんてほんの一瞬ね」

私はその会話にはっとして、今の言葉は「聞かされた」とすぐに思いました。そして深呼吸をして、歩く速さを楽なスピードに変えて、素直に考えてみることにしたのです。

たしかに世界中には、高さ数メートルから、八〇〇〇メートルを超えるものまで数多くの山があります。一日でその姿になったはずはなく、長い年月をかけて現在の姿になったのでしょう。自然の影響を受けることもあれば、自ら火を噴くこともあります。そこには、確実に命が存在します。人間が考える「命」とはまた違う「いのち」を感じることができます。

山が重ねてきた長い歴史に比べたら、人間がどんなに生きても百年程度。とてもとてもかないません。山の中で生きている、虫、鳥、動物、そして人間。そう考えると人間も自然の一部でしかないのではないでしょうか。この地球という星の中で、まるで人間がすべてを支配しているかのように我が物顔で過ごしていますが、宇宙から見れば、山も、海も、人間も、動物も、地球の一部にすぎません。

私たちの太陽系が属する銀河系には、二千億個の星があると言われています。そして、宇宙には銀河が一千億個以上あると考えられています。まさに天文学的な数の星があるといえるでしょう。地球もその中の一つの星でしかないのです。人間でさえ飛行機の中から地上を見下ろすと、車や人間がまるでおもちゃのように見えたり、高度によっては人間を見つけることすらできません。宇宙からみれば、地球は豆粒であり、人間なんて顕微鏡で見ても判らない、吹けば飛ぶような存在です。人間も自然の一部であり、地球自体が大きな自然であるのですから、自然こそすべてと言えるのではないでしょうか。

些細なことでしたが、偶然耳にしたその会話から、人間は、そして「私」という存在はなんてちっぽけなんだ、という気持ちになると同時に、このちっぽけな人間に宿るもの、それが魂だとすれば、何のために私を選び、何を望んでいるのかを知りたいと思うようになりました。「超」がつくほどの前向きな私は、どんなにちっぽけな存在でも、人間として今生きている意味は必ずあるのだから、大自然の中の「私」という役割をしっかり果たそうと思えたのです。

しかしこの想像もできないほどの、大きな宇宙を創りだしたのは誰でしょうか。言葉では言い表せないような偉大な存在を意識するようになるとは、この時の私にはまだ想像すらできないことでした。

人は、必要な時に色々な方法でヒントが与えられます。偶然手に取った本、偶然見たテレビの番組、偶然出会った人。それを偶然ととるのか、人生のヒントととらえるのか、たったそれだけのことで人生が大きく変わってしまうような気がします。その時でなければ理解できない、受け取ることができないヒントが、抜群のタイミングで現れるのです。

そのことを素直に受け入れた瞬間から、私の人生も大きく変わり始めました。神様からいただくメッセージは、今私たち人間が知らなければならないメッセージであること、決して私個人へのメッセージではなく、地球上のすべての人間へのメッセージであるということ、そしてそのことを一人でも多くの方に伝えなければならないと強く考えるようになりました。

今私が伝えたいと思っていることも偶然ではなく、このタイミングで決心できたことに感謝し、つたない文章ではありますが、神様からのメッセージを、心をこめて届けたいと思います。

文中の【】内の言葉は、神様からいただいたお言葉ですので、可能な限りそのまま載せています。

二　魂の真理

【天と地の境は心だ。心を忘れた人間があまりにも多い。心を取り戻すことは未来を取り戻すことだ。もう時間がない。一人でも多くの人間の心を取り戻さねば】

何故人間が創られたのだろうか？

ある時ふとそんなことを考えました。考え始めたら眠れなくなるような、答えに辿りつくとは思えない、そんな疑問が頭に浮かんでしまったのです。

心を忘れ、我が物顔で地球に君臨する人間たち。そんなことになるのなら、最初から人間なんて創らなければよかったのではないか？　まさに人間らしい大変幼稚な疑問でした。

本当の答えは、人間を創りだした創造主にしかわからないでしょう。それでも神様からヒントをいただきながら、ある答えにたどりつきました。

【地球にいる人間を人間と呼ぶのであれば、人間が創られたのは地球を守るためだ。し

かし、何事も目的は一つとは限らない】

地球を守るため……。

もっとも簡単で、もっとも奥が深い答えです。人間の体は「物質」です。地球という大自然を守っていくためには、山や海が物質である以上、物質として存在する人間が守っていくしかありません。神様は見守り、指示を出すことはできても直接物質に触れ、物質に作用することはできないのです。人間もただ生きているだけでは動植物と同じです。そこで自ら考え、自ら行動するために、「心」を与えられたのだと思います。

心を持つ人間。三次元の肉体と心を持っていることが、神様との大きな違いはではないかと思います。心は考えることと深いかかわりがあり、何も考えなければ心は存在しません。心を忘れるということは、考えることをしないということでしょうか。自分で考えることをやめてしまって、他人の判断にゆだねたり、他人のせいにしたり、考えはするけれど、間違った信念を貫こうとすることなども、心を忘れたことになるのかもしれません。

【決心とは心を決めると書くだろう。心を決めるには、何度も考え、正しい考えで決めることだ。心を忘れたということは、失くしたわけではない、ただ思い出せばよいだけのこと】

決心とは心を決めること……。当たり前のように使っている日本語を、改めて神様に教えられると、不思議と神様を身近に感じ、おっしゃる通り、と妙に納得してしまいます。

しかし、人間が創られた理由を納得したとしても、何故「心」が必要だったのかという、あらたな疑問に包まれました。ただ自然を守るだけであれば、人間をロボットのように操って、ただの機械として動かせば、もっともっと効率的に地球を守ることができるような気がします。私なりの人間としてのプライドでしょうか。何としてでも人間として存在する意味、無駄なことは何もないと納得したい気持ちでいっぱいだったのかもしれません。

【見えない心と物質である体、それを繋いでいるのが魂である】

ぶっきらぼうな言い方をすれば、人間の体はただの入れ物です。人間が心を持っていることと、魂の存在は、切り離せないことのようです。

目に見えないことは信じられない人間が多い中で、「魂」というものを語ると、どちらの宗教ですか？　と尋ねられるかもしれません。私は俗に言う宗教団体に属したことはありませんし、実家にも仏壇や神棚もないような環境で育ちました。霊能者のように何かが見えるわけでも、聞こえるわけでもありません。ただ、神様から下りてくるメッセージを素直に受け止めて、伝えているだけであり、普通すぎるくらいに普通の人間だと思っています。それでも不思議と興味を抱いてしまう、目に見えない存在。生きていくうえで避けられないと思われる、「魂」についても考えてみることにしました。

少し寂しいような気もしますが、私自身の体もただの入れ物だと思っています。すべての人間に宿っている魂の命は永遠であり、何度も何度も人間として生まれては人生を全うし、また次の人生を歩むのです。魂だけで三次元の地球を「体験」することは不可能です。人間の体があり、人間の心があって初めて「体験」することができます。その体験は、この世に生まれてくる目的の一つでもある、前世でやり残したことを達成するということも含まれています。今では前世や過去世という言葉が一般的に知られるようになってきています。前世とは一つ前の人生であり、過去世とは魂が今までに体験した全てといえます。しかし、それをすべて覚えている人はいません。覚えていては純粋な体験ができないので、あえて「忘却」という方法をとっているのです。

例えば、前世でオリンピック出場という夢を叶えられなかったマラソン選手が、その悔しさをバネに、来世はオリンピックに出ると誓って今世生まれてきたとします。記憶はなくても魂はすべて覚えているので、またマラソンの世界に入り、どんなにつらいトレーニングにも耐えられるのです。もしすべてを覚えていたとすればどうでしょう。最初から答えを覚えていてマラソンを始めてしまっては、学校の試験で答えを教えてもらってただ書き写すのと同じです。純粋な気持ちで努力することができません。人間としての欲が先にたってしまって、楽をすることを考えてみたり、努力するフリをしているだけでは、何の修行にも成長にもならないのです。目的に向かっていかに努力するか、その過程を大切にしなければなりません。まずは自分の力でマラソンを始めるというところから始め、つらさに耐え、考え、工夫して、前回の失敗を乗り越えてこそ成長できるのです。

もちろん今世でオリンピック選手になれるかどうかは、自分しだいです。今世でも辛いからといってあきらめてしまっては、また来世に持ち越すことになります。努力が実って目的を達成するか、その過程で十分努力して思い残すことがなくなるか、自分で納得できるまでやり直すのです。

オリンピック出場というのは極端な例ですが、誰もが自分自身で目的を決めて生まれてくるのですから、私もたとえ記憶に残っていなくても、目の前のことをあきらめずに乗り越えていけば、自分自身で決めてきたことを達成できると信じています。そして今世ですべて達成して来世に持ち越さない、と決めているということは、誰に教えられたわけでもありませんが、輪廻転生を信じているということになります。人生の経験をすべて修行と思い、人間は霊的な存在だと認め、輪廻転生は本当にあると心から理解することも修行の一部ではないでしょうか。

魂の話を進めてきましたが、私と共に存在している魂がいつ誕生したのかは、正確にはわかりません。おそらく想像もできないくらいの歴史が刻まれていて、これから先も歴史を刻んでいくのですから、長い長い歴史の線上のほんの一点に今生きている、ということを深く考えさせられました。そして、家族や友達だけでなく、現在というこの時に何億人もの人間が生きていて、私もその中の一人なのですから、「魂」の歴史の縦のラインと、現在生きている「人間」の横のラインとが交わった一点に「私」という人間が存在していることを考えると、この横のライン上の人間に優劣はなく、みな仲間であると、改めて考えさせられました。

三　善と悪

【世の中には大きく分けると、陰と陽のように二つの力が働いている。善と悪も同じ。そのバランスが難しい。善が強すぎても悪が強すぎても成り立たない】

宇宙の始まりは今から一三九億年前と言われています。地球が生まれるずっとずっと前から宇宙は存在していたのですから、それはもう気が遠くなるような永い時間、宇宙は生き続けているのです。もし宇宙の創造主がこの一三九億年分の記憶をすべて持っているとすれば、想像を絶するスケールであり、はかりしれない存在であることがわかります。

では宇宙が誕生する前には何があったのでしょうか。実際に確かめることはできませんし、科学的な説もいろいろと飛び交っていることとは思います。私が神様から教えていただいたことは、宇宙はもともと「無」の世界であったということです。

「無」

無とは、その名の通り、何も無いという世界です。まったく想像はできませんが、やはり人間界の常識を超えた世界のことを考えるときには、いま私たちが持っている考え方や言葉では説明できないこともたくさんあるように思います。無の意味も、この世で私たちが認識しているものは何も無い、ということですが、認識できないことは「有った」のかもしれないのです。それは私たちには理解できないことであり、有ったとすれば、「大いなる意識」とでもいいましょうか、創造主の意識、神や仏の意識がそこには、「有」ったのでしょう。

大きくわけると二つの力が働いているということは、相反するものですので、無の状態から「光」と「闇」という力が生まれたことが、宇宙の誕生につながったのではないでしょうか。ただ「有る」という存在である意識の好奇心から生まれたともいえる、光と闇の世界。その両方を体験するために、大いなる意識は分裂することに決めたのです。そしてビックバンという大爆発とともに、意識の存在は分割されたのでした。

二極の存在を語る上で、もっともわかりやすいのは、善と悪の考え方だと思います。どうしても悪は「悪者」「良くないこと」というイメージがあります。たしかに、善人と悪人がいたら、ほとんどの人が善人と仲良くなりたいと思うはずです。しかしなぜ悪が必要なのでしょうか。「悪」というものが存在していない世界を想像してみましょう。人間が一００人いるとして、その一００人が全員善人だったとすると……。善人ではなく「普通の人」ですよね。何が普通かもわからないかもしれません。他人という存在があって初めて「自分」を認識するのと似たような感覚です。悪人がいるからこそ、善人は「善」なる人と認識されるのです。

子どもの頃にヒーローショーを見て、悪をやっつけるヒーローにあこがれたことを懐かしく思います。悪者を追い詰め、正義のために戦うヒーロー。正義の味方、困った時は助けてくれるあこがれの存在です。そんなヒーローになりたいと夢を見る子どももたくさんいることでしょう。しかし、倒すべき悪者がいなければ、ヒーローと呼ばれることもなく、ただのお兄さんなのです。ただのお兄さんが悪いわけではなく、悪がいるからヒーローがヒーローでいられるのです。

では、この世の中に本当に悪がなければどうなるのでしょうか。悪の無い世界、それだけを聞くと平和な世の中のように思えます。悲しみや苦しみのない世界、誰もが憧れる世界かもしれません。しかし人間は惨めさを経験して初めて喜びを理解し、涙を流すことによって笑顔の素晴らしさを知るのです。

悪があるからこそ、善の大切さを知り、悪に負けないように善はより強く、大きくなるように思います。ヒーローたちが悪と闘う場面から大切なことを学び、平和な世の中の素晴らしさを知ることができるのです。

自分を傷つけたと思っていた相手の「悪」が、自分に苦しみを引き起こしたことは事実でも、それが結果的に自分を成長させてくれたと考えることができれば、その悪が、自分にとって必要な「悪」であったと気づくことができます。その「悪」は「善」のもう一つの側面であったと理解できれば、被害者意識から初めて解放されて、相手を許すことができるのです。言葉にするのは簡単ですが、私たちは人間です。完全にすべてを許せるのは神様くらいで、私たちにはとてもできないことです。それでも、なぜ目の前の出来事が起こっているのか、この苦しみは自分の何を成長させてくれるのか、そんな風に思えたら、少しは苦しみからも解放されるような気がします。

たしかに、バランスをとるのはとても難しいことです。そのバランスがすべての調和であり、幸せになれる法則であると、神様は教えてくださいました。人間にとっては二極の存在であっても、神様にとっては「善」は悪の一部であり、「悪」は善の一部。結局は善も悪もひっくるめて、万物を「善」と見てくださっています。どこまでもおおらかで、どこまでも優しく、どこまでも大きな力がそこにはあるのです。

【すべては無からはじまった。いずれはそこに還っていくのだ。無はすべての存在よりも大きい。われも無から始まった。無により生みだされた。この世に絶対はない。この世に永遠にあり続けるものもない。すべて無に起因する。今無に返そう、還ろうとしているものは、やがてまた生まれ出てくる。無から生まれたもの、無に還すもの。すべて幻のごとく、泡のごとく。めぐりめぐっていく。無も変化していく。絶対無などない。無に秘めたる力の大きさは、この世の比ではない。あきらめることもない。希望を持ちすぎることもない。心のあるがまま。それが無心。欲もなく、得もなく、無の海にただただ漂う。すべては存在無。あるがまま。なきがまま】

四　幸せに生きる

【与えられた役目を全うすることは、最高の喜びである】

私も普通の人間であり、一人の女性です。当たり前のように幸せになることを望み、幸せでいたいと願っています。どのような状況でも、自分が不幸だと思ったことはなく、小さな幸せを日々感じながら生きてきました。人間は欲深いもので、今よりもっと幸せになりたいと思い、何かを手に入れたら、それだけでは満足できずにもっと欲しくなることもあります。本当は今が一番幸せかもしれないのに、満足できないのはやっぱり欲深いですね。たしかに幸せでいたいけれど、では幸せっていったい何なのでしょうか？

ある時、一人で出かけて海を眺めていると、

「私にとっての幸せって何？」

突然すぎて自分でもびっくりしたのですが、そうつぶやいたのです。

幸せ……。幸せ……。

何度も何度もつぶやきました。結婚すること？　子どもを持つこと？　お金持ちにな

ること？　有名になること？　天職に出会えること？　夢を叶えること？　どんなに考えても答えにたどりつくことができませんでした。温かい両親のもとに生まれ、何不自由なく育てられました。当たり前のように屋根のある家に住み、当たり前のように毎日ご飯を食べる。欲しいものはある程度買ってもらい、やってみたいと思うことは何でもやらせてもらえた。こんな幸せなことはないのに、なぜもっと幸せになりたいと願ってしまうのでしょうか。

人間は、特に日本人は、物があること、お金があることで幸せ度を測ってしまいがちです。でも私は、物やお金で満たされても、必ずしも幸せではないということは不思議と気が付いていました。それはもしかしたら、両親から聞かされた、ある言葉が頭に残っていたのかもしれません。

「一億円の宝くじがあたったら、最初は喜んでいても、その一億円を二億円に増やしたいと思って余計なことに手をだしたり、一億円がなくなっていくことに恐怖を感じたりするから、大金が手に入ったからって幸せじゃない」

もちろん今の時代を生きていくためには、お金も必要です。一生懸命働いて得たお金は、とても価値のあるものです。お金そのものを否定するつもりはありませんが、お金がすべてではありませんし、お金では本当の意味で心は満たされないと思っています。
私の人生を思い返すと、つい最近まで会社員をしていましたが、それまでは安定した職につくこともなく、その時々でやりたいと思ったことに挑戦し、周りから何と思われようと自分のやりたいことをしてきました。それはとっても幸せなことです。きっと、安定した収入や、正社員という肩書よりも、心が思うままに生きていたからこそ、幸せだったのだと思います。

海辺で答えの出なかった問いに、ほんの数日後、ポンと心の中に答えが届きました。
「神様からの郵便物みたい……」とても温かい気持ちになりながら、神様からの手紙を読むように、心にそっと耳を傾けてみたのです。

本当の幸せは、私という人間が生まれてくるときに魂が決めた約束、何のために生まれ、どんな役目があるのかを理解して、素直に生きることです。魂の記憶をすべて持っている人は皆無で、私自身も具体的に何を約束して生まれてきたのか、正直言って何も覚えていません。それでも、いつでも心に耳を傾けていると、やってみたいこと、興味がわいたこと、学びたいこと、乗り越えたいことが突然空から降ってくるように思い立つこともあります。それは実は、魂の記憶の影響であると教えられました。ひとつひとつ困難を乗り越えて、さらに自分の役目を理解して、全うすることが最高の幸せだと今は思っています。

役目は人それぞれです。すべての人が、地球を救うヒーローのように地球の運命を背負うような大きな役目を持っているわけではありません。しかし役目のない人間なんて、一人もいないのです。自分のために、誰かのために、何かの役に立つために生まれてきたのですから。だとすれば、その役目をしっかり果たすために生きていれば、たとえ貧乏でも、独身でも、顔のシミが増えても、幸せを感じずにはいられないと思います。役目を果たそうと懸命に生きている人は、神様がちゃんと見てくださっていますので、不思議と歩くべき道にしっかり光を照らしていただけるのです。

【魂の記憶、それはとても細かく刻まれている。頭では記憶していなくても、今好きなこと、興味があること、それは魂の記憶だ。直接的に思いださなくても覚えているのだ。

誰もが生まれてきた意味がある。必ず乗り越えるべき課題をもって生まれてくる。生まれる時に魂が決心し、忘却と引き換えに新しい旅を始めるのだ。絶対に忘れるものかとどんなに強く思っても、覚えていることはない。必ず課題があるということは、つらいことのない人生などはあり得ないのだ。それではまったく成長がない。今まで乗り越えられなかったこと、過去世でのお礼、懺悔、お詫び、相手の気持ちを知る……何か意味があって生きているのだ。その課題を乗り越えようと、乗り越えまいと決められた一生は終わる。そして採点だ。何をやりとげ、何をやり残したのか。

一生が長いか短いかは関係ない。決めた課題をこなす、約束を果たすために生まれる。生まれてすぐに魂に還ることもある。人間には受け入れられないことだろう。しかしその魂は、生まれた瞬間に役目を果たしているのだ。過去世のお礼を伝えにきたのかもしれないし、両親の間を取り持つことかもしれない。どんな役目でも全うすればとても幸せなことなのだ】

五　カルマと向き合う

【罪を犯さない人間はいない。どんなに小さなことであっても誰かを傷つけたり、知らないうちに嫌な思いをさせたりすることもある。それをすべて罪とするならば、誰もが罪を犯すのだ。罪を犯せば心から悔い改めればよい。心から謝ればよい。そして改心した人を許すのだ。心からの懺悔を疑ったり、いつまでも根に持たず、許すことができればカルマは解消される】

カルマとは、前世や過去世で自分の行為によって作ったエネルギーのことです。原因があるから結果があるのです。自分が出したエネルギーは必ずまた自分に戻ってくるのです。プラスのエネルギーを出せば良いカルマとなってプラスのエネルギーが返ってきます。マイナスのエネルギーを出せば、時を経て悪いカルマとしてマイナスのエネルギーとなって返ってきます。プラスのエネルギーだけを出して生きていくことができれば素晴らしいことですが、なかなかそうはいきません。

今世、目の前で起こっていることは、過去世で自分自身が作ってしまったカルマの現れです。自分が原因をつくっていると考えることができないのは、忘却によって過去の記憶がなくなっているからです。しかし魂はすべて覚えていますので、目の前の困難を乗り越えて、カルマを解消したいと願っています。

例えば今世、大好きな恋人を親友に奪われてしまったとします。それは、過去世で自分も親友の恋人を奪ったことがあるということです。当然のことながら、実際にその立場になると、「過去世で私も同じことをしたのだから、仕方ないか」と簡単に割り切れるものではありません。親友を許せないと思う感情、恋人を許せないと思う感情もありますし、つらい、悲しい、苦しい気持ちでいっぱいになるでしょう。すぐに許せるほど強い人間はなかなかいないと思います。

それでも、そのつらい状況は乗り越えるチャンスなのです。自分自身のカルマに気づき、認め、反省しながらもどうすればこのマイナスのカルマを浄化できるのか、解消できるのかを考えていただきたいのです。強くなるチャンスなのです。涙を流しながらも乗り越え、許し、マイナスの感情をプラスに変えることができれば、カルマを解消することができます。

とは言ってもです。頭ではわかっていても、なかなかそのように考えて、行動することはできないでしょう。人間には心がありますので、色々なことを考えて、色々な感情が生まれます。単純にはいきません。しかしもしそこで、恋人を奪った親友を恨み、いつまでも根に持っていたとすれば、来世では自分がまたその親友の恋人を奪い、仕返しをすることになるのです。そうすればまた来来世で、親友に自分の恋人を奪われる……。恨みの感情が大きくなれば、その親友の命を奪ってしまうかもしれませんし、そうすればまたカルマが生まれます。これではいつまでたってもカルマが解消されるどころか雪だるま式に積み重なって、簡単には解消できないエネルギーになってしまいます。そうなる前に、きっと自分も同じようなことをしてきたのだから、その時の相手の気持ちを理解し、申し訳なかったという気持ちを持って、許すことができればカルマを解消することができるのです。そして「痛み」を知ったわけですから、同じことを自分はしないと決心すればよいのです。

世の中には、とても相手を許せる状況にない方もたくさんいらっしゃると思います。犯罪を正当化するつもりは全くありません。人を傷つける行為や、命を奪う行為は許されることではないからです。その行為については法でしっかり裁かれるべきです。それでも、仕返しを企んでみたり、相手を恨んでも何も変わりません。私たち人間が人間に「罰」を与える必要はないのです。神様はすべてご覧になっています。「罰」を与えるのは神様の仕事です。「悪行」を繰り返す人間は、当然のことながら罰を受けます。その罰は「地獄に堕ちる」程度のことでは済まされないのですから。

私も人間ですので、恋愛においても恋人を元彼女に奪われたり、浮気されたり、それなりにつらい思いをしてきました。その時はやはり、何も食べられないほどに落ち込みましたし、眠れずに目を泣き腫らしたこともあります。それでも、何か仕返しをしてやろうとか恨んでやろうという気持ちはありませんでした。不思議と人を恨んだことがないのです。友達からはお人よしと言われましたが、私としては自分の手を汚してしまったら、きっと自分を許せなくなるので、それくらいなら相手を許そうと思ったのです。恋愛だけではなく、仕事や日常生活でもそうです。だからでしょうか、恨むことなく許し、決心した時には必ず神様がご褒美をくれました。新しいことにチャレンジできる環境だったり、お金だったり、出会いだったり……。それを期待しているわけではありませんが、前向きに生きていれば、どんなに時間がかかっても必ず前に進めるということを教えてくださっているのだと思います。

このカルマの法則を意識するようになってからは、職場で嫌なことがあっても、「きっと私もそんな風にしていたのね、ごめんなさい。気が済むまでどうぞ」と思えるようになり、余計なことでイライラすることはなくなりました。嫌なことを言われても、「仕事を辞める時に決心しやすいようにしてくれているのね、ありがとう」とさえ思えるようになったのです。

マイナスのエネルギーは積もり積もれば、地球をも破壊するエネルギーにもなります。一人ひとりが少しでも前向きになり、プラスのエネルギーを増やすことができれば、地球を守ることもできるくらいの大きなエネルギーになります。

一度、目の前に起きていること、つらいと思っていること、その状況を受け入れてみてください。苦しいと思う感情も素直に受け入れてください。その上でどう考え、どう行動し、どう前向きに生きていくかは、自分しだいです。

【カルマはいくつもあり、一度の人生ですべて解消するのは難しい。カルマに取り組みながらも、新たなカルマを生んでしまうからだ。全部を一度に解消することはできなくても、気持ちを持って生きていれば、徐々にカルマは減っていき、苦しみの少ない人生になっていく。それは魂の修行の最終段階だ。一人ひとりが早くそこに辿りついてほしいものだ】

六　人間性を考える

【わからぬことも多かろう、不思議に思うことも多かろう。知るべき時がくれば、自然とわかるのだ。すべてを知ってしまっては意味がない。自ら考え、己を鍛え、役目を果たす。魂の学びは奥が深いのだ。これから学ぶことはしっかり魂に刻まれるぞ】

私の日課は一日二回、朝と夜に神様からのお言葉と、観音様からのお言葉をいただくことです。ノートに言葉を書き留めながら、まったく意味がわからない時もあれば、その日欲しかった答えをしっかりいただけることもあります。答えをいただけるとは言っても、「こうしなさい」「ああしなさい」とはっきり命令されることはありません。私個人へのメッセージではありませんので、すべての人間へのメッセージの中に、今の自分に必要な言葉を自分に当てはめて、私なりに解釈しています。時々ぐさっと胸につき刺さるような厳しいお言葉をいただくこともあれば、大丈夫だと安心させてくださることもあります。神様は長い間修行をなさったのでしょうし、人間というものをずっと見守ってこられたので、本当に人間界のことをよくご存知ですし、とても人間味があります。

そして神様は、人間に簡単に答えを与えては意味がないことをご存じなのでしょう。すべてにおいて答えや道筋を示されていては、自分で考えることをやめてしまいます。言われたとおりに、言われたままに生きることは、失敗はないかもしれませんが、何の成長もない人生になってしまいます。魂の学びの場である以上、自分で考えて答えを導き出さなくてはならないのです。そのためのヒントは色々なところで見せてくださっています。

たくさんのヒントをいただいたとしても、結局は人間しだい、受け取り手しだいなのだと思います。私も会社員をしていたときは、部下や後輩がたくさんいました。同じヒントを複数の後輩に与えたとしても、その反応は十人十色です。小さなヒントを元に、すぐさま行動に移して結果を出す人。ヒントの意味を考えすぎてなかなか行動に移せない人。もっとわかりやすいヒントをください、と逆ギレする人。そもそもヒントすら聞き逃している人。会社ではよくある話です。これと同じようなことを人間は神様に対してしているように思います。神様からいただいたヒントを自分のことに置き換えて、素直に受け止められるのか、自分には関係ないと思って知らないふりをするのか、それは大きな分かれ道です。どんなに良いアドバイスをいただいても、そこからどのような結果に結びつけるかは、自分しだいなのです。

お言葉をいただいたその日には理解できなくても、一週間、一ヶ月たって意味がわかることもあります。知るべき時がくれば自然とわかるということが、今ではとてもよくわかります。

そしてもう一つ、神様は本当のことだけを教えてくれるわけではないということもわかってきました。嘘つきと言っているわけではありません。知る必要がないことは、知らなくてよいとおっしゃいます。何でも教えてくださるわけではありません。行動させるために、あえて遠回りをするようなヒントをくださることもあります。でもそれは、意地悪でもなんでもなく、魂の成長を大きな目で見て、その遠回りが必要であると先を見越してのアドバイスなのです。

【すべては人間性しだい】

神様はよく「人間性」という言葉をお使いになります。優しくて、人当たりがよく、素直。俗に言う「いい人」が人間性に対するイメージでした。しかし、神様がおっしゃる人間性は、人間が考える人間性と少し違うようです。神様は、謙虚さ、思いやり、強さだとおっしゃいます。思いやりがあっても、行動力や強さがないと意味がないともおっしゃいます。そして、神様に対してどこまで人間性を発揮できるかというところが重要だと思います。謙虚さも度がすぎると卑屈になり、ただのネガティブ思考になりますので、謙虚さとは常に感謝の気持ちを忘れないことだと思います。

世の中には「才能」を持った方がたくさんいらっしゃいます。その才能は誰から与えられたものでしょうか。過去世で魂が努力して得たものかもしれませんが、元は神様からいただいたものです。本人の努力なしでは才能を発揮することはできませんので、その努力や才能そのものを否定するつもりはありません。問題なのは、「すべてにおいて自分が一番」「自分は偉い」「自分の力だけで発揮できた」と思うことです。本当に有能なスポーツ選手は、自分のことを一番だと言いません。評価するのは自分ではないからです。技術が実際のところ世界一であっても、必ずすべての大会で優勝できるとはかぎりません。一番を目指して努力することは大切ですが、「すべてにおいて」自分が一番と思ってしまった時点で、その先に努力するべきことが見えなくなってしまいます。

霊能者と言われる方々も同じです。ほかの人にはない力があると、まるで自分が人を動かしているような、偉くなったような、魔法使いにでもなったような気分になってしまうのです。もちろん謙虚に活動されている方もたくさんいらっしゃると思いますので、すべての方がそうだとは思いません。霊的な力というのは、すべて神様からいただいている力です。私の場合は、見えたり聞こえたりしませんので、前世を見られる方がうらやましいと思ったこともありました。しかし、私には私の役目があります。たまたま私がそのお役目を担っているだけであって、私という人間が特別なわけではありません。力を与えられている人は、それだけの責任があります。一歩間違えれば世の中を混乱させてしまう可能性も十分にあるからです。その力を悪用したり、自分だけに使うために与えられているわけではありません。私自身も人間性を磨き続けなければならないと、毎日のように考えています。

人間性を磨くために一番簡単なことは、感謝の気持ちを忘れないことだと思います。才能があるのであれば、その才能を与えられたことに感謝し、才能を発揮できる環境にいられることに感謝する。生きていなければ才能の発揮どころではありません。今呼吸していること、支えてくれる人がいること、周りの人間にも、そして神様にも感謝の気持ちを持ち続けていれば、必ず神様はサポートしてくださるのです。

七　四次元の世界

【三次元の肉体を離れて、霊という存在になると、自分の意志だけではどうにもならないのです。すぐに決心して魂の世界に戻ればよいのですが、そのまま地上にとどまってしまいます。その場から離れることもできず、縛られるのです。そこに光があれば光を頼って魂の世界に昇ることができるのです】

人は死んだらどこに行くのでしょうか？　目に見えない世界の話ですので、イメージするのも難しいと思います。しかし、人間が死を迎える確率は百パーセントです。必ず誰もが体験することなのですから、死後の世界についても考えてみましょう。

死は肉体の終わりです。この世で修行をしてたくさんのことを学んだ魂は、肉体が無くなった時に「天界」に行きます。天界というのは私たちが想像する「天国」のことです。この世に生まれる前はみなここにいたわけですから、魂の故郷ともいえます。天国というだけあって、明るい光の世界です。ここで前回の人生で何を達成し、どのようなカルマを生みだしてしまったのかを振り返ります。そして次の転生に備えてゆっくりと休みながら、エネルギーを充電するのです。しっかりと魂を浄化したら、次はこういう人生を送りたい、もう一度挑戦したいことなどを神様と約束し、忘却と引き換えにまた人間に転生するのです。

しかし、直通で天界に行かれる魂はごくわずかのようです。ほとんどの魂が最初に向かうのは、「幽界」というところです。この幽界は暗闇の世界で、幽霊という存在がいるのもこの世界です。現世にいる身内が、心のこもった供養をすれば、幽界から天界に向かうことができます。心のこもったというところが大切で、形式だけの供養は供養になっていないこともあるのです。供養というのは祈りにのって届く光のことです。幽界は暗闇の世界ですので、この光があれば、光を頼って天界に向かうことができます。

ただし、いつまでもこの世に対する未練、憎しみ、悲しみ、後悔などのこだわりがあると、せっかく身内が送ってくれた光にも気がつかないのです。

「もっと長生きしたかった……」

「もっと美味しいものが食べたかった……」

「好きな人と結婚したかった……」

「もっと仕事を成功させたかった……」

「もっともっと……」

という思いが、未練となって自分で自分を暗闇の世界に押し込めてしまうのです。何も後悔しないタイミングで死を迎えられるとは限りませんので、何かをやり残してしまうことはあると思います。それでも、肉体としての一生は一度きりだけれども、魂の命は永遠であって、次の世界でまたやり直せると知っていれば、未練を残すことなく天界に進むことができるのではないでしょうか。

また、供養する側も、

「どうして死んでしまったの？」

「もう少しこうすればよかった……」

「あんなことをしてあげればよかった……」

などと考えていると、今度は光を送る側の未練のせいで、相手を暗闇の世界に縛り付けることになります。すぐに気持ちを切り替えることは難しいでしょう。大切な人であればなおさらです。しかし、どんなに短い一生であっても役目を終えて、また生まれ変わってあなたに会いたいと思っているかもしれないのに、現世に残された側の未練がそれを邪魔してしまうこともありえるということは、心に留めておく必要があります。

皆さんは、心のこもった供養をしていますか？　お墓や仏壇が立派であることと、心がこもっていることは別問題です。真心からの祈りはたくさんの光を生みだし、幽界にいる魂の手助けになります。そして光を頼りに天界に昇った魂は、光を送ってくれた人をサポートしてくださるそうです。身内だけでなく、事故や災害で亡くなった方に、真心から祈りたいものです。東日本大震災のような大きな災害の場合、身内もみな亡くなってしまって、供養してくれる人がいないケースもあります。突然の災害で状況を飲み込めず、この世に未練を残している魂も存在するでしょう。手を合わせる機会は何度もあると思います。未練を残さずに魂の故郷にお帰りいただけるように、心をこめて手を合わせましょう。

無事に天界に辿りついた魂は、また人間として生まれて修行して、肉体を失って幽界に行って天界に行って……。どこまで続けるのでしょうか、永遠でしょうか。実はこの天界はゴールではありません。長い旅の途中なのです。

天界の上にはさらに上のレベルの「神霊界」があります。簡単にいえば、神様が住む世界です。神霊界はエネルギーの世界で、人間には考えられないほど次元の高い世界なのです。魂では修行はできませんので、人間として生まれることで数多くのことを学びます。何度も何度も転生し、カルマを解消して、人間として学ぶことは何もないレベルに達し、霊的気づきや叡智を得て、いよいよ天界の次のレベルへと進むことができるのです。それが魂の最終目的です。人間レベルから神様レベルに上昇するわけですから、それはもうどれだけ修行したら達成できるのか気が遠くなります。これだけの修行を積んだ結果なのですから、神様が人間界のこと、人間の性質に詳しいのも頷けますよね。

後の章で「アセンション」についても触れますが、今、幽界は大騒ぎになっています。なぜかというと、この先「幽界」がなくなってしまうということに、そこにいる魂たちが気付き始めたからです。未練があり自ら望んで幽界にとどまっていた魂もいるでしょう。しかし、この先幽界がなくなるということは、その世界にいる魂は抹殺されてしまうということです。魂の最終目的である、神霊界に行くことなど、達成不可能になるのです。魂は永遠と言いましたが、アセンションを迎えるにあたって、「例外」が生まれてしまうのです。

抹殺されるということは、今まで何百年、何千年と重ねてきた魂の修行の記憶がすべて消えてしまいます。もちろん、二度と人間として生まれることもできません。水の泡のごとく消えてしまうのか、永遠に暗闇から出られなくなるのか、細かいところはわかりませんが、天界に昇る道が閉ざされるのは確かです。

だからこそ今、幽界にいる魂は焦っているのです。自分の力では何もできないのですから、天界に昇るために光を探しています。人間に気がついてもらわないと、祈ってもらうこともできません。だから気づいてもらいたくて、「悪さ」をするのです。悪さをしているつもりはないでしょう。ただ気付いて欲しくて、必死にアピールしているのです。絶対に起こるはずのない事故や、不思議な現象は、幽界の魂のアピールかもしれません。

すべての魂を救うのは難しいでしょう。抹殺されるべき魂もあると思います。救うべき魂なのか、そうでないのかを判断するのは人間の役目ではありません。その判断は神様にゆだねればよいのです。私たちはただ、過去の戦争、自然災害、事故などでこの世を去った魂が、天界に昇ることができるように、ひたむきに祈り、光を届けることしかできません。私自身このことに気がついたのは、ごく最近です。観音様から教えていただいた、幽界にいる魂の数は、私の想像を超えていました。幽界にいる魂を救うことも、私のお役目だと思っています。どうか、一人でも多くの魂が救われますように……。その想いを胸に、今日も私は祈ります。

皆さんも、日々の祈りだけでなく、お葬式、四十九日、お盆など、亡くなった方に祈るときにはぜひ、観音様から教えていただいた次の言葉を、心をこめて唱えてください。

「この世でのお役目御苦労さまでした。どうぞ未練を残さず光の国へお帰りください」

八　運命とともに

【神の存在、それ自体を信じられない人間も多い。信じられない者に、信じてくれと強く言うつもりはない。たとえ目に見えない存在を信じられなくても、前向きに、人のために生きることはできるだろう。欲におぼれることなく、不平不満を口にせず、前向きに生きることだ。しかし本当に欲なく生きるものは、大きな存在を信じているからこそ、神にゆだね、身を任せて、不安になることなく生きられるのだがな】

それでも信じられないこと、認められないこともあると思います。神様がおっしゃるように、信じるか信じないかと問う前に、自分にできる「一歩」を踏み出してみることが大切だと思います。「自然を大切にすること」、「前向きに生きること」、それは神様云々ではなく、誰にでもできることですし、誰もが考えるべきことではないでしょうか。

最初に話したように、人間は自然の一部なのですから、宇宙を大切にして、地球を大切にして、自然を大切にして、初めて自分を大切にすることができるのです。近年、異常気象という言葉をニュースなどで耳にする機会が増えましたが、その原因を作っているのは、間違いなく人間です。もちろん私も、毎日ゴミを出し、食器を洗い、シャンプーをし、電気を使う。当たり前の生活から自然に負担をかけていることは間違いありません。今からみんなで原始的な生活をしましょう、と訴えるつもりもありませんし、すべてを失う必要はないと思っています。

まずは、今私たちは自然の恵みをいただいて生きていられるのですから、そのことに感謝して、必要以上に自然を汚さないように心掛けるところから始めればよいと思います。

日本だけでなく、世界中の自然がどのようになっているかは、実際のところはわかりません。北極と南極があることは知っていますが、実際に行ったことはありませんし、どのような状況なのかもわかりません。この二つの極は、地球を物質としてバランスをとっている大切な場所のようです。すべて自然のまま、ありのままにしておくことは、できなくても仕方がないと神様もおっしゃっています。

しかし直接手を下していなくても、海を汚し、空気を汚し、今までの積もり積もった影響を、北極と南極に与えてしまっているようです。研究という名の環境破壊も進んでいると教えていただきました。人間の目は届きにくいけれど、地球にとって大切な場所が、汚され、環境汚染の影響を受けているのは大変なことです。

人間が作り出した物はたくさんあります。そのおかげで便利な世の中になりました。当たり前のように使い、もっともっとと欲がでてしまいます。そのために犠牲になっていることがたくさんあるのだということを認識し、せめて感謝の気持ちを大切にしたいものです。原発問題もそうですが、様々な技術が、本当に必要なのか? 原点に立ち返ることも大切です。便利さを追求して自然の破壊を続ければ、そのツケは結局自分たちに還ってくるのですから、一人ひとりが環境について少し考えるだけで、大きく変わるかもしれません。

そしてもう一つは、前向きに生きることです。人の悪口を言ったり、不平不満を口にすると、それは負のエネルギーを生み出してしまいます。生きていればつらいこともありますし、愚痴を言いたくなることも確かにあります。しかし、すべてを他人のせいにしたり、嫉んでばかりいると、自身が「マイナスオーラ」で包み込まれてしまいます。それはちょっと避けたいことです。

自分は大丈夫、と思っていても、案外気づかぬうちに不平不満を口にしているものです。そして他人や「運命」のせいにしてしまうのです。

運命だから仕方がない……。

最もどうにもならない言い訳です。仕方がないから考えを変えて頑張ろう、と思えるのであれば良いのですが、仕方がないと思ってそのまま何もしないパターンが多いのではないでしょうか。

確かに「宿命」は変えられません。生まれた時にはすでに宿っているものです。生まれた国、生まれた日、両親、性別などは、自分では変えることはできません。人間がいつか死ぬことも宿命です。でも「運命」は、運によってかえられるものなのです。「運」というと、ギャンブルのように行き当たりばったりのイメージを持たれてしまうかもしれませんが、運は努力で引き寄せることができるのです。神様はおっしゃいました。

【運が良い、悪い。そう思うことはあるだろう。しかしすべては結果である。運を引き寄せることもできれば、引き離すこともできる。ただ運が良かったと思うだけでなく、この運を得られたのは何のためなのか？　この運を力にして何をすべきなのか？　それを考えられる者には運が向いているぞ。何でも運が悪かったと片づける者に良い運は来ない。何事にも感謝し、与えられた結果に感謝することだ。悪いことがおきても、悪いと決めているのは自分であって、学ばせてくれてありがとうという気持ちを持つことだ。良いことがあれば、心から感謝し謙虚に過ごしていれば、またきっと良い事がおきる。不公平と思うか？　感謝の気持ちの分だけ、良いことがおきているのだから、不公平でも何でもない。当然である】

感謝の気持ちの分だけ、良いことがおこるなんて、そんな簡単なことで運が良くなるのであれば……今すぐ始めましょう。思っている以上に、感謝の言葉が足りていないのかもしれませんね。心で思っていても、行動が伴わなければ意味がないといつも言われていますので、この感謝の気持ちも、たとえ「ひとりごと」であっても、しっかり口にしましょう。

人間は幸せになるために生まれてきました。しかし、幸せになるためには努力が必要なのです。生まれた国を変えることはできませんが、より良い環境を求めて、新しく住む場所を選ぶことはできます。両親は変えられなくても、良い関係を築くために、努力して関係性を変えることはできます。何もせずに待っていることは、現状維持ではありません。何もしないことは、後退することです。ダイエット中に、体重を維持するにも努力が必要です。何もしなければ、それまでの努力の甲斐なく、あっという間に元通りですよね。何か思うことがあれば、小さな一歩でも行動にうつしましょう。それが幸せへの大きな一歩なのです。あなたが幸せに生きることは、家族を幸せにし、仲間を幸せにし、日本を、世界を、そして地球を幸せにすることなのです。

ここまで、神様が私を通して皆さんにお伝えしたいことを、書いてきました。当然のことながら、神様の存在を私自身が疑うことなく書いています。何かを信じることに、決定的な根拠はありません。だから私も、こういう理由で信じています、とお伝えすることはできません。ただ、神様からのメッセージの中に、何かヒントを見つけていただければと思っています。

本章の内容を素直に受け入れ、この先地球はどうなってしまうのか、私たちに何ができるのか、その先をもっと知りたいと思われた方は、どうぞ二章にお進みください。

二章　その先の未来へ

一　魂の器

【魂の大きさは人間の行いによって変わってしまうものだ。人間の身体は入れ物であって、入れ物と魂の大きさは関係ないのだ。その人自身が持っている魂の器があり、器を大きくするも小さくするも、本人しだいなのだ。理解して行う。その行動がなければ何も変わらない】

人は誰でも生まれたときから、自分の中に神様の魂をいただいています。自分という魂は、元をたどれば創造主から分かれ出た、神々の魂だからです。何度も分裂をして、創造主とはあまりにも遠く離れてしまったためにその実感はありませんが、大きな魂の一部を内に宿しているのです。

家系図をたどってみると、先祖が何度も血を分けて、自分の親、そして自分自身に辿りつくことがわかります。それよりももっと長い歴史があるということです。

ある時期から、あの人の魂は大きいとか、魂が大きくなったなどというお言葉を伺うことが多くなりました。

魂が大きい?

もともと目に見えないものなのに、さらに大きいとか小さいとか、まったく意味もわからず、イメージも湧きませんでした。よくよく話を聞いてみると、魂が大きくなるということは、元となる魂があり、それを包み込むように、より次元の高い魂が加わっていくイメージだと教えてくださいました。バームクーヘンのような感じでしょうか……。

元となる魂とは、自分の基礎でもある、生まれた時から変わらずに学んできた魂のことです。人間としての器が小さければ、その元となる魂だけで一杯一杯になってしまいますが、器が大きければたくさんの魂を統合することができます。

ということは、器が大きければ、自分という魂に、より経験豊富な魂が加わって、人間としても、新しいことにチャレンジする機会に恵まれ、より成長できるということです。しかし、この魂を重ねるというのは、なかなかできることではありません。魂が大きくなるということは、もちろんその逆もあるのです。せっかく大きな魂をいただいて生まれてきていながら、人間としての器が小さすぎたり、我欲が強すぎるために、魂を小さくされてしまうこともあるのです。これはまさに人間性の問題です。謙虚に、そして人間としての心を広く開放し、心に余裕をもち、他人を思いやる真心を持っているかが大切です。会話の中に、「あの人は器が大きい」などという言葉がでてくることがあります。一般的に器が大きいと言われる人は、様々な経験をしているからこそ、ちょっとしたことには動じず、相手を否定せずに受け入れることができるのではないでしょうか。そう考えると、人間としての器の大きさは、魂を受け入れる器の大きさと無関係ではないように思います。

人生経験の中で、努力して魂が大きくなることもありますが、この世に生まれた時からすでに大きな魂をいただいている場合もあります。神霊界に昇った、もう生まれ変わらなくても良い魂が、使命感から人間に転生してきたり、三次元の浄化を助けるために、役目を持って降ろされることもあるのです。高次元の魂ほど、経験と修行のために過酷な人生を自ら選んで生まれてきます。これは低いエネルギーの人が引き寄せる悪いカルマとは違って、新たな上昇を目指しての挑戦なのです。自ら過酷な状況を選ぶなんて、どれほど勉強熱心なのかと感心してしまいます。今過酷な人生を歩まれている方は、もしかしたら大きな魂が敢えて選んだ、修行のための人生なのかもしれません。

間違えていただきたくないのは、魂が大きいから偉いというわけではありません。優劣をつけるものではないのです。言うなればスタート地点が違うだけです。魂の成長に終わりはないのですから、元となる魂をいかに成長させるか、いかに大きくさせるかに努力しなければならないのは、魂の大きさに関係なく同じことです。恐ろしい事に、何年も努力を重ねて、どんなに魂が大きくなったとしても、自分が一番と傲慢になったり、物欲に走ったり、思いやりの心がなくなってしまえば、一瞬で後戻りどころか、魂を小さくされてしまいます。

魂が小さくなるということは、「経験値」が下がることになりますので、また困難と出会って、成長のために乗り越えなければなりません。今まで受けられたサポートも受けられません。うまくいっていたことが、一気に崩れてしまう可能性も十分にあります。

魂を大きくするためには、人間性を磨いて、行動することです。行動するということは、それだけ学ぶチャンスがあるということですので、魂を重ねても次のチャレンジ、次の壁を超えることができます。どんなに考えても、どんなに理解しても、どんなに意欲があっても、行動が伴わなければ何もかわりません。お腹がすいたと叫んでも、ご飯を作る、ご飯を買いに行く、ご飯を食べるという行動が伴わなければ、空腹を満たすことはできません。

「そのうちやろうと思っていた……」

「忙しくて……」

人間は、行動できない理由をいくらでも考えることはできます。しかし、口ばかり、言い訳ばかりしていては何も変わりません。今までは魂の成長などと考えずに、何度も転生して、カルマを積み重ねていてもよかったのかもしれません。

しかし、今はもう悠長なことを言っていられる世の中ではないのです。誰もが人間としても、魂としても成長しなければ、今後の変化についていかれないのです。

歴史上に名を残した人だけが、大きな魂の持ち主ではありません。今、成功して人の上に立っている人すべてがそうとも限りません。地味に、目立たずに普通に生きていても、実はとてつもなく大きな魂をお持ちの方もいらっしゃいます。もしかしたら、あなた自身も、三次元の地球の浄化を助けるために、自ら望んで、選ばれて今生きているかもしれません。

誰に何と言われようと、私は断言できます。

私は、地球を、日本を、そしてこの時代を選んで、生まれてきました。

二　古代文明

【時間との戦い。どのように戦うのか？　それは己との戦い。いつの日か、過去の歴史の中から、人類の未来を多くの人間が知るようになる。目をそむける人間には何もわからない。事実を受け入れ、癇癪をおこすことなく、尊い未来を創り出すのだ】

失われた伝説の大陸のことをご存知でしょうか。アトランティス大陸、ムー大陸、レムリア大陸です。何万年も前の話のようですし、その存在がきちんと証明されているわけではありませんので、事実を知ることはできません。しかし、ただの伝説で終わらせることなく、過去の歴史の中から、地球の未来のためのヒントを見つけ出さなくてはならないような気がいたします。

古代文明にまつわるお言葉も、日々いただいていますので、その中のいくつかをまずは紹介させていただきます。

【数々の新しい時代が水の泡となり、溶けるように吸い込まれ、まるでなかったことの

ように消え去った。誰にも知られず、記憶されずに消え去った時代もある】

【数々の文明が生まれては消え、生まれては消えた。生まれるときは最初からある程度のところからのスタートだった。神の怒りを買ったとも言われているが、喜んで沈めたわけではない。そうするしかないところまで行きついてしまったのだ。そうしてしまったことは、われらにも責任はあるだろう。知恵をつけた人間はどうも自己の欲のために進みだしたら止まらないのだ。考える力を与えないわけにもいかず、いつも悩ましく思っているのだ。失うのは一瞬だ。一瞬で失くすこともできる。それでもぎりぎりまで信じてみたい】

【古代文明に夢を抱いている者たち、何万年かもっと昔になぜ高度な文明が栄えていたのか、不思議で仕方がないだろう。今の文明が消え去り、新しい文明が生まれた時、今の文明を調べた学者は同じことを思うだろうか。破滅する運命だったと納得されてしまうのではないか。本当は誰もがこのままではいけないと感じている。どうにかしなければと感じているが、何もしてくれない国のせい、他人のせいにしたがっているのだ。広

い世界の中では地球を思い、密かに活動している人間もいる。すべて見えているのだ】

【古代文明が滅びた時は、地球上のすべてが沈んだわけではない。大陸、栄えている所だけが滅びた。害のないところは沈める必要がなかったからだ。ごくごく少数の人間は生き延びていた。他の地で生き延びた。しかし今回は違う。残すべき地はないに等しい】

【アトランティスの時代から学ぶべきことは多い。今の文明と似ている所も多く、さらには今より発展していた。神と繋がることは今よりも当たり前のようにできていた時代であったが、それでもおかしなことになった。きっかけはほんの些細なこと。それでもその時は気づくことができなかった。後から考えれば、あの時にと思うのだ】

【一つの文明を築き上げるのには、どれくらいの時間がかかるだろうか。何もないところから始まった文明。ある程度のところから始まった文明もあるが、一日で完成した文明などない。その世界で人間は、人間なりに考え、世界を創り上げてきた。その世界が一瞬にして消えてしまったのだ。われらもギリギリのところまで期待し、変化を望み、何度もチャンスを与えた。決して怒ったのではない。そうするしか方法がないところまで行ってしまったのだ。人間は自ら考え行動する存在である。与えられたもの、知恵をどう捉えてどう行動するかは、われらにもわからない。またそれぞれの考え方も違い、すべての人間が同じように動くわけではない。だからこそ、学べることがたくさんあるのだが、どうして自ら破滅の道を歩んでしまうのか、それは謎である】

地球が誕生して四六億年。人類が誕生して今まで幾つもの文明を築いてきたのでしょう。何万年も前の時代なのにもかかわらず、様々な技術が発展していたと考えられている文明もあります。もちろん実際のところはわかりませんが、神様からのお言葉をいただくたびに、どうも今の地球が同じ運命をたどっているような気がしてならないのです。

【頭脳の使い方を間違えた】

【文明の名前とか、場所とかそんなことはどうでもよいのだ。なぜ滅びてしまったのか、そのことを考えなければならない】

なぜ滅びてしまったのか。頭脳の使い方を間違えてしまったのでしょうか？

今の地球を考えてみても、様々な技術が開発されて、とても便利な世の中になっています。その技術は、世界中の人々が幸せになれる技術なのでしょうか。世界中の人々のために使われているのでしょうか。自分の国のため。ごく一部の人だけが恩恵を受けているような気もします。しかも、人間として超えてはならないラインを超えてしまった技術もあります。すぐに思いつくのは核兵器ですが、それだけではなく、世間には公表されていない技術がたくさん眠っているようです。人類、地球をも破滅に導きかねないその技術は、本当に必要なのでしょうか。

本当に必要なこと、必要のないこと、それを見極めて世の中を変えるチャンスは何度もあったのかもしれません。しかし、「心」を持つ人間だからこそ、同じことを何度も何度も繰り返してきてしまったのでしょう。なぜ自ら破滅の道を進んでしまうのか、と神様もおっしゃっていますが、破滅の道を進んでいるなんて、ほとんどの人間が思っていない、気がついていない、それが現実です。ただ漠然とこのままで良いのか？　と思っていても、何を行動するわけでもなく、他人事のように考えてしまっているのです。

恥ずかしながら、私自身もつい最近までは、隣の国で何が起こっていようと、ほとんど関心がありませんでした。戦争は必要ないと思っていても、戦争を経験したこともなく、日本という地に住んでいることもあり、他人事のように考えていたのだと思います。災害が起こっても、自分や自分の家族が助かればいい。そう心のどこかで考えていたのも事実です。地球がどうなるのかなんて、話が壮大すぎて正直考えたことはありませんでした。だから、今、地球が変化の時を迎えているという事実を知って、頭が追いつかないほどに様々なことを考えています。自分に何ができるのか、何をしなければならないのか……。

今までの文明が滅びる時も、おそらくそのことに気がついて行動した人間がいたでしょうし、当然のことながらギリギリまで無関心だった人間もいたでしょう。過去の中に未来のヒントがあるのだとすると、今の私たちは何をすればいいのでしょうか。

神様にとっては、現在の文明を今までの文明のように消してしまう、失くしてしまうことも簡単なことなのだと思います。それこそ地球を爆発させて、宇宙の塵にしてしまうこともできるのでしょう。むしろそのほうが簡単なのかもしれません。しかし、今回のアセンションは違います。一部の大陸がなくなるのではなく、地球を丸ごと、地球を残した状態で次元上昇させるという、神様にとっても初めての方法がとられようとしています。

おそらく、今のこの時代に生きている人のほとんどが、何万年にも及ぶこのビッグプロジェクトを成功させるためにこの時代を選んで生まれて、集まってきているのだと思います。古代文明の時代にも生きていた人々が、たくさんいることでしょう。動き出したことはもう止められません。今からどう頑張ってもアセンションを止めることはできません。となると、その事実を受け止めるしかないのです。避けることのできない「アセンション」を、どのように受け止め、一人ひとりが何をすべきなのか、皆さんと共に考えてみたいと思います。

三　アセンション

【アセンションというその言葉だけではその全体像をイメージすることはできない。もっとも、人間の言葉ですべて理解するのは不可能だ。それでももう動き出している。動き出したということは止められない。徐々に次元は上昇する】

今、世の中には、「アセンション」についての情報が氾濫しています。何が正しくて、どうすればよいのか、判断に迷ってしまうこともあるでしょう。

「人類は滅亡する」

「地球がなくなる」

このような言葉が先行してしまっては、ただ怖いイメージだけが植えつけられてしまいます。未来のことですから、正直どうなるかはわかりませんし、神様ですら、細かいことは決まっていないとおっしゃいます。言いかえれば、人間が、最高の結果にするのか、最低の結果にするのかを選べるということです。

神様から教えていただくことも、日々変化しています。人間の行動によって、未来は変わるからです。「地球を浄化する」という事実、結果は変えることはできませんが、少しでも良い結果になるようにと願って、今現在神様から教えていただいていることを、お伝えします。

アセンションとは、「次元上昇」の意味です。私たちが住んでいるこの世界は、物質の世界であり「三次元」と呼ばれています。では、次元が上昇するということは、私たちが四次元の世界にいくということでしょうか。

四次元は一章でも触れたとおり、「幽界」や「天界」の世界です。となると、全員が命を落として、天国か地獄で暮らす地球になる？　であれば、まさしく人類滅亡と変わりありません。でないとすると？

神様から教えていただいていることは、「五次元」に上昇するということです。五次元の世界は、今は「魂」すなわち「エネルギー」の世界ですから、人間が全員「魂」になって、肉体を持たずに、ふわふわと漂う存在になってしまうのか……と最初は想像しました。ところが神様は、

【本来は五次元には物質というものがなく、エネルギーだけの世界だが、三次元の物質

世界をある程度残しながら五次元にシフトする】

とおっしゃいました。単純に今の五次元の世界に、ポーンと移動するのではなくて、これから「新五次元」が創造されるとイメージしてよいようです。たしかに、人間が創られた理由の一つには、肉体を持って地球を守るということがあります。ここで肉体を失ってしまっては、地球を守ることができません。物質が存在する五次元が創造されるということは、今までの五次元の常識を覆すことですから、完全に未知の世界です。

過去の古代文明は、一瞬にして消えてしまいました。今回もそうすることもできたのです。それこそ地球を失くすこともできたのでしょうし、むしろそのほうが簡単なのかもしれません。しかし、今回のアセンションは違います。神様にとっても初めての経験です。地球を丸ごと、形を残したまま浄化させるのですから……。

新五次元のことを、神様は「新しい地球」とおっしゃいます。新しい地球は、争いや、憎しみ、嫉妬、物欲に溺れた生活はなくなるのです。より精神的に、心穏やかに暮らせるようです。災害もありません。平和と愛の地球です。

なんて素晴らしい地球なのでしょうか。ぜひ行きたいと名乗りを上げますか？　新しい地球は五次元の地球です。その次元に適応できる人しか行くことができません。では新しい地球に行かれない人間はどうなるのでしょうか。

「進む」か「消える」か。最初はそのどちらかしかなかったようです。新しい地球に進めない人間の魂は抹殺されてしまう予定でした。抹殺されるということは、肉体はもちろんのこと、そこで魂の歴史は終わります。何千年、何万年もかけて努力してきたとしても、すべて無かったことになります。完全に消えてしまうのです。しかし、これまで地球のために、お役目を持った方々が地道に努力してくださった結果、もうひとつ選択肢が増えました。「古い地球に残る」という選択です。

ところがこの古い地球には、戦争も、災害も残ります。人間の欲望にまみれた世界です。今の地球よりももっと苦しい、破滅と恐怖の地球になるでしょう。それでも神様はおっしゃるのです。

【選ぶのは自分だ】

古い地球に残るのも、新しい地球に移動するのも、自由ということです。選ぶのはあくまでも自分自身なのです。

古い地球、新しい地球とは言っても、例えば地球が二つに割れるとか、物質として惑星が増えるということではなさそうです。ＵＦＯにでも乗って、新しい地球に移動するわけでもありません。ある日、目が覚めたら、気がつけば変わっていた、というレベルのようです。逆にいえば、何も知らずに、気がつけば古い地球に取り残されていたということも大いにあり得るのです。

四次元の世界にいる魂は、三次元の古い地球に降りるか、新しい地球に移行するか、抹殺されるかのどれかです。今の四次元の世界は無くなってしまうので、そのことに気がついた魂は、必死になっています。人間も同じです。もうすでに、新しい地球に行くことが決まっている魂もいます。これまで努力してきた人、前向きに生きてきた人、お役目を全うしてきた人です。そして、古い地球に残ることが決まっている魂もいます。悪いカルマを重ねてしまった人、悪行を繰り返す人、何度チャンスを与えられても改心しなかった人です。
どちらでもない人は、本当にまだ決まっていません。努力しだい、決心しだいで、新しい地球に行くことができます。だから私は、一人でも多くの人と、新しい地球を目指したいと思っているのです。

この分かれ道は、想像以上に大きな分かれ道です。古い地球を選んだ場合、これから先もずっと、その世界で転生を繰り返します。何度生まれても戦争や災害で苦しみ、憎しみ合うのです。次の浄化がいつかはわかりません。少なくとも、一万二千年はかかるでしょう。だから今、本当に今、決心しなければなりません。
それでも古い地球のほうが居心地良いと感じる人もいるでしょう。それは仕方がありません。自分で決めることです。

どちらにしても、すでに次元の上昇は始まっています。なぜなら、一気に三次元から五次元のエネルギーに変わってしまっては、人間の身体も心も壊れてしまいます。神様は山に登るようなものだとおっしゃいました。何千メートルもある高い山に登るとき、もし一気に山頂に登ったとしたら、気圧の変化に身体は対応できませんし、高山病にもかかってしまうでしょう。だから、少しずつ登っていくのです。その一歩一歩では変化に気がつかなくても、ある時期がきて振り返れば、ずいぶんと高いところまで登ったものだと思えるというのです。

敏感な方は、このエネルギーの変化に気がついていらっしゃるのではないでしょうか。日々少しずつ、五次元に向かってエネルギーが変化しているのです。人によっては、身体に違和感を覚えることもあるかもしれません。それは病気ではなく、ただエネルギーの変化に身体が合わせようとしているのです。私も、原因不明の蕁麻疹が身体中にできたり、耳鳴りがしたりしました。これは身体が合わせているのだと思っていれば、何の心配もなく、気が付けばすっかり治りました。アセンション登山はまだ三合目にも達していないようですので、頂上に辿りつくためには、まだまだ身体を慣らし、精神性を高める必要がありそうです。

アセンションについて様々な噂、憶測が飛び交っていることでしょう。未来のことですから、何一つ断定することはできません。二〇一二年一二月というキーワードもよく目にします。しかし一瞬で何かが変わるわけではない、ということは神様もおっしゃっています。始まりと終わりがはっきりしていることばかりではないからです。いつの間にか始まって、いつの間にか終わっているのです。何をもって終わりとするかも、はっきりとわからないのです。だから、二〇一二年の一二月になって、どんなに気をつけても、何をしてもはっきり言って遅いのです。きっとその時には、すべてをゆだねるしかないのではないでしょうか。

【終わりが見えた時に、最後の力を振り絞る。生きるために、助けるために。それは美しい力だ。しかし、そこで力を振り絞っても遅いのだ。そんなときだけ神にすがっても遅いのだ】

「今」

今、大切なことに気がつくことです。

四　ライトワーカー

【世界中にちりばめられた使者達。日本人が多いが、目覚めぬ者も多い。目覚めても堕ちてしまった者も多い。今目覚めて動いているのはほんの数人だ。目覚めたつもりになっている者、あと一歩の者もいる。堕ちてしまった者はもう仕方がない。日本が引っ張っていかねばならぬ】

私には、一般的に霊能者の能力としてイメージされるような、過去世が見えたり、オーラが見えたり、四次元の幽霊と話すような能力はありません。かつてタロットカードの絵の美しさに魅かれて、ほんの少しだけタロット占いの仕事をしていたこともあります。しかし今の私は、「占い師」でもありません。いったい私は「何者」なのでしょうか？　神様から役目があると言われても、それにしては何も見えないし、何も聞こえない私は、力不足ではないかと思ったことさえありました。霊的な能力に対して、とても限定的なイメージを持っていたのかもしれません。

しかし、今ははっきりとわかっています。私は「ライトワーカー」なのです。ライトワーカーとは、人類に光をもたらす人々であり、神々と共にこの世を守り、神様の愛、光を広める人々のことです。

東日本大震災が発生した時に、世界中からボランティアの人たちが駆けつけました。被害者を助け、物資を運び、壊れた家を片づけ、心に傷を負った人を慰め、自分にできる能力で人々に笑顔を届けました。ライトワーカーは、地震の被災地に訪れるボランティアのように、地球という被災地に人類という被災者を救うために、神様から役目を与えられて、今という時を選んで遣わされた人々です。自分にできることで世の中の役に立ちたいという気持ちは、きっとボランティア活動をなさっている方々と同じだと思います。

長い歴史の中で、地球と人類の物質世界において神の愛、光が薄れてきました。すべては「物欲」から始まったことのように思いますが、人間同士で憎しみ合うこともあれば、傷つけ合うようにもなりました。自分を守るために、他人を傷つけます。まるでそれが正義かのように、平気で攻撃する世の中です。

自然界も荒々しくなり、地震や洪水、干ばつなどの災害が頻繁に発生しています。環境汚染も深刻になり、異常気象まで引き起こしています。もう、元に戻すのは難しい……いや、もう戻すことができない状態まできてしまったのです。このままでは一瞬で消えてしまった、過去の古代文明と同じ運命をたどるしかありません。そこで、ライトワーカーは神々と約束をして、地球そのものを救うために、自らが名乗りを上げて生まれてきたのです。愛と光に満ちた新しい五次元の世界に、一人でも多くの人間が行かれるように手助けするのが、ライトワーカーの役目です。

神様の話では、力の強い使者は、一〇〇人降ろされているようです。一〇〇人もいるのに、今目覚めて動いているのはほんの数人だとおっしゃっています。たったの数人ですか？　思わず聞き返してしまいたくなるお言葉でした。大きな魂は、五次元どころか、もっと高次元の世界にいた魂です。三次元の世界に生まれてくると、一度波動を落とさなければならないので、想像以上にエネルギーが落ちてしまって、すっかり自分の使命を忘れてしまうようです。

もともと、生まれてくるときには「忘却」という儀式があるので、忘れてしまうことは仕方がないのですが、そこから思い出すことは、かなりの直感力と努力が必要なのです。

せっかく、役目を思い出しても、人間としての欲に負けてしまい、魂を小さくされてしまうことがあります。気がついているのに、一人でどうしていいかわからず、行動に移せない人もいるでしょう。一〇〇人全員がすべてを思い出し、行動に移すことは難しくても、さすがに「数人」では地球を救えないと思うのです。しかも一〇〇人のほとんどが、この日本にいるようですから、まだ目覚めていない、強い力を持った方々に、一日も早く目覚めてほしいと心から願っています。

アセンションの最終結果は、すべて人間しだい、つまりはライトワーカーしだいでもあるのです。一人でも多くの人間とともに、新しい地球へシフトするためには、それを助けるライトワーカーの力が必要です。そして「今」その時代が来ているのですから、一日でも早く、一秒でも早くと願わずにはいられません。

私は自分がライトワーカーであると認識してから、自分自身に自信を持つことができるようになりました。目立ちはしませんが、神様の役に立てて、人の役に立てる。神様からのメッセージを受け取り、そしてその言葉を良いエネルギーと共に伝える「メッセンジャー」でもいられるなんて、本当に幸せなことです。これからもずっと、神様からいただいた光、エネルギーを様々な場所に、たくさんの人に届けていきたいと思っています。

もちろん、私一人の力ではお役目に気がつくことすらできませんでしたし、新たな一歩を踏み出すことなど、とてもできませんでした。生まれてから今日まで私という人間を成長させてくださった方々、ここまで導いてくださった方々に心から感謝しています。

人にはそれぞれ違った役目があり、それぞれの役割を担っています。霊的な能力で人を導いていくお役目。祈りで光を届けるお役目。ライトワーカーを目覚めさせるお役目。どのようなお役目であれ、ライトワーカーの皆さんが、ご自身で自分の役目に気がつき、一秒でも早く行動に移せますように……。

【一〇〇人の使者。ほとんどが日本にいる。なぜ日本なのか？　日本は地球にとって大切な場所だからだ。宇宙と繋がるポイントのようなものだ。人間の身体も背中の骨は身体を支えているので、もちろん大事だ。しかし、脳、心臓、他にも重要な場所はあるだろう。日本は地球のキモだ。大事な場所である。多くの神が日本を守っている。それでもまだ目覚めぬ神もいるが、他の地域と比べたら全然違うのだぞ。そんなことには誰も気がつかない。日本人として生まれたことに誇りをもってほしい。日本は世界を変えられるのだ。変えなくてはならない。日本に生まれているだけで、それだけの役目があるのだぞ、覚えておけよ】

五　宇宙の中の地球

【はるかかなた、宇宙のかなた、小さな大切な星がある。宇宙の星はバランスをとりながら呼吸をしている。それぞれの星にも魂があるのだ。地球にいると、すべての星を感じることはできない。地球も大切な星だ、もちろんそうだ。その小さな星は宇宙の呼吸を感じ、すべてを浄化しながら存在している、名も無き星だ。今地球が大きく変わろうとしている。つまりは宇宙が大きく変わろうとしているということだ。何かが変われば全体も変わる。良い方向にも悪い方向にも常に影響を与えるのだ。宇宙全体が浄化され、楽に呼吸ができるように】

子どもの頃に空を見上げながら、宇宙の端っこはどうなっているのだろう？　そんなことを考えてみたものの、誰も知らなくて、誰にもわからず、もちろん自分でもわからなくて、なんとも言えない気持ちになったことを思い出しました。「宇宙」と一言で言っても、人間が想像している宇宙、人間が発見して見ている宇宙と、実際の宇宙は違うと神様はおっしゃいます。何が違うのか、そんなことは、人間の頭でどんなに考えてもわからないことなのだと思います。もしそれぞれの星に、人間とはまた違う生命体が棲んでいたとしても、その生命体の波動が高ければ、人間が認識することはできないので、どんなに優秀な探索機を送り込んでも、何もいない惑星と判断されてしまいます。本当の宇宙、今以上に宇宙の秘密を知るためには、人間の波動を上げなければならないのです。

宇宙には、まさに数えきれないほどの星があります。地球はその中の一つの星です。これだけの星があって、その中で地球にだけ生命体がいると考えるほうが難しいのではないかと思います。宇宙人とか、異星人とか、SF映画の世界ですが、きっとどこかに、地球のような星があるのではないかと私は思っています。宇宙には厳密なルールがあるので、他の星に直接の干渉はできないことになっているようです。UFOを目撃して、地球が侵略されるのではないかと勝手に推測してしまうのは、映画などの影響かもしれませんが、何も知らずにそう考えるのは、よく考えたら失礼な話です。

他の星に干渉できなくても、地球より波動の高い世界から、地球を心配して様子を見に来たり、ヒントを与えようと近づいてくる生命体はたくさんいるのでしょう。私たちには見えないだけで、本当はもっともっとたくさんのＵＦＯが地球の上をビュンビュン飛んでいるのかもしれません。上の次元から下の次元を見ることはできますが、たとえ同じ場所にいたとしても、下の次元からは上の次元を見ることも感じることもできないのです。たまたま目撃されたＵＦＯは、地球に近づくためにわざと三次元に波動を落としているのでしょう。この次元の法則は、神様の世界の法則ですので、宇宙は神様そのものとも言えます。

神様の世界は、当然のことながら人間の世界とは全く違います。人間界にはないシステムばかりで、人間の頭ではとても理解できるものではありません。あえて人間界の言葉で分析してみると、神様の世界というのはどうやら、想像を遥かに超えた次元まで存在しているようです。五次元ですらまだ想像できないのに、その上にはいったいどのような世界が広がっているのでしょうか。

それぞれの次元に、それぞれの神様がいらっしゃいます。一般的に「最高神」として知られている神様は、九次元の世界にいらっしゃいます。私が今までに名前を知っていた神様も九次元の神様です。まさかまだその上の次元があり、その上の神様かいらっしゃるなんて、普通に生活していれば全くわからないことでした。

十次元にも、十一次元にも神様はいらっしゃいます。おそらくすべての根源である創造主は、二〇次元以上のところにいらっしゃるのではないかと思われます。この次元はピラミッド型になっているので、次元が下がるほど魂の数は増えていきます。個体である人間の数は数えられますが、魂の数は無限です。

十次元と十一次元。たった一次元の差だと思ってしまいますが、この一次元の差は、三次元と四次元の差とは比べものにならないほどの大きな差があるのです。神様は役割をわきまえていらっしゃいます。上の次元から下の次元を見ることはできますが、作用することはできません。下の次元から上の次元のことは見ること、コンタクトをとることすらできません。

様々な神様からお言葉をいただく中で、どうして言っていることが違うのだろう……と不思議に思ったこともありました。それは当然です。下の次元の神様は教えられていないこともたくさんあるからです。逆に次元の高い神様は、人間の小さな日常のことについては、直接作用することなどできないのです。

会社に例えるならば、大企業の社長が、新入社員一人ひとりを指導することはまずないと思います。名前すら覚えてもらえないのではないでしょうか。神様の世界でも、人間のすぐそばにいて守ってくださる神様もいらっしゃれば、その神様に指示を出す神様がいらっしゃり、さらにその神様に指示を出す神様がいらっしゃり……それぞれの役目があり、その役目をわきまえていらっしゃいます。社長が新入社員のことを知りたい時は。社長は部長に聞き、部長は課長に聞き、課長は係長に聞き、係長が新入社員の情報を課長に伝える。そしてまた課長は部長に伝え、部長が社長に伝え……。社長が新入社員に直接指示を出すことも、情報を得ることもできないのです。課長が社長のお考えを知ることは当然のこと、課長は課長クラスの情報しか知ることができません。これはあくまでも例え話ですが、それほどまでに上下関係がしっかりとしているのです。

神様にもそれぞれの役割があるので、地球を担当する神様がいらっしゃれば、宇宙を担当する神様もいらっしゃいます。宇宙を担当する神様は、数えきれないほどの星を統制し、守り、秩序を守り続けるのですから、想像もできないほど高い次元にいらっしゃるのは当然のことです。その神様から日々メッセージをいただけることは、私たち人間にとって言葉では言い表せないほど、有難いことだと思います。

宇宙は無限大で、今も日々変化し、進化し続けているのです。どう頑張っても私たち人間にはその終わり、果てを見ることはできません。すべての根源も無限大で、果てのない大きな宇宙をすっぽり包み込んでいるのですから、その懐に存在する宇宙そのものが神様なのです。一部が変われば全体も変わるとよく神様はおっしゃいます。人間が変われば地球が変わり、地球が変われば宇宙全体も変化するということですから、大きくとらえれば私たちが変われば、神様の世界も変えられるということです。

今回のアセンションは地球だけのものではなく、宇宙全体のアセンションでもあります。宇宙が地球の様子を見守っているのです。責任重大です。このアセンションを成功させて、宇宙全体がより光輝きますように。

六　出会い

【様々な出会いはすべて偶然ではない。どのタイミングで出会えるのかは、本人しだいでもある。どんなにヒントを与えても、気づかなければ行動をおこすこともない。一つ一つが大切な出会いだ、わかっているだろう、感じているだろう】

私が今この文章を書いていることも、神様からのお言葉をいただけるようになったことも、すべてA先生との出会いがあったからです。今思えば、その偶然の出会いは、人生が変わるほどの「運命の出会い」でした。

その頃の私は仕事が忙しく、休みであるはずの土曜日に出勤することもしばしばありました。たまたまインターネットで調べ物をしているときに、あるホームページに辿りつき、スピリチュアル関係のセミナーが定期的に開催されていることを知りました。しかし、自宅から三時間以上かかる場所でしたし、土曜日に開催されるセミナーでしたので、参加したいと思いながらも、仕事の都合で予定が合わず、なかなか参加することができなかったのです。すっかり諦めてしまった私は、次第にそのセミナーのことも忘れて過ごしていました。

あるとき、たまたま土曜日の仕事の日程が変更となり、急遽休みになったのです。その瞬間、セミナーのことを思い出し、参加できると直感で思った私は、すぐにホームページを調べてみると、直感通りその日はセミナーの開催日でした。私は嬉しくて、何の迷いもなく急いで申し込みました。限られた人数のセミナーでしたので、一日でも申し込みが遅れていたら、おそらく参加することができなかったと思います。

申し込んだ段階では、興味本位以外の何ものでもありませんでした。ホームページに書かれている内容を、もっと深く知ることができたら面白いな、と思っている程度でした。ただ、偶然参加できたことに感謝しながらも、なんとなく、このセミナーに行かなければならない理由があるのかもしれない、とは思いました。それでも、まさかこんなにも大きな出会いが待っているなんて、まったく考えていませんでした。

そして迎えたセミナー当日。参加者は十名ほどだったでしょうか。テーブルを囲むように座り、お互いのコミュニケーションを大切にするような形式でした。これもまた偶然A先生は、私の目の前に着席なさいました。A先生も本当は参加する予定はなく、ご一緒にいらしていたご友人が、他の方と参加する予定だったようです。偶然を持ち寄って、出会うべき人々が集められたのでしょう。A先生と向かい合わせに座りながらも、セミナーの最中は特別会話をすることもなく、ただ時間だけが過ぎていったように思います。一人で参加していましたので、なんとなく緊張もしていましたし、強いエネルギーを持った方が多く、圧倒されていたのも事実です。後から先生に聞いたところ、私はすごくおとなしい印象だったようです。

一日がかりのセミナーが終わり、電車やバスの時間の関係で、先に帰る人もいましたが、そこで最後まで残った六名が、今思えば残された六名だったように思います。初めて会った方ばかりでしたので、帰りの時間など知っていたはずはないのですが、なぜかテーブルの端のほうに座っていた人が先に帰り、テーブルの中央に座っていた人が残りました。これも不思議ですが、偶然ではないように思います。A先生と私を含む残ったメンバーは、初めて会ったにもかかわらず、様々な会話をしました。私は話すというより、皆さんの話を聞いているほうが多かったのですが、そのうちに、涙がボロボロ出てきました。

「私にも何かできることがあるのでしょうか……」

そう言った私に、

「もちろんです」

と、先生が答えてくださったことを今でもはっきりと覚えています。A先生と交わした言葉は少なかったのですが、その時に、鎖と鎖がつながるような、探していたパズルのピースが見つかったような、何ともいえない不思議な感覚になったのです。

そして先生は、一度自宅に来てくださいとおっしゃいました。そこで、その日の帰りの電車の中からさっそくメールをしました。思い立ったら即行動です。その時はA先生が何者なのかも知りませんし、ご自宅で何を言われ、何をされるかも全く分からないのに、どうしても行きたいと思えたことも不思議です。ちょっとは疑ったり、怖くて誰かと一緒に行こうかと考えてもおかしくない状況でしたが、一人で行くことに何の抵抗もなく、ただもう一度先生に会いたいという気持ちだけが大きく膨らんでいました。

A先生と初めて会ってから約一ヶ月後、ついに先生のご自宅に伺いました。そこからは、何が何だかわからないほどで、自分の変化、状況の変化について行くのがやっとでした。それでも必死に食らいついていくうちに、私はA先生をサポートするために生まれてきたのだな、と心から思えるようになったのです。

A先生についてはまたの機会に詳しくご紹介できればと思っていますが、その魂のルーツを知れば知るほど、想像を絶する世界の話です。しかしとても謙虚な方ですので、そのこと自体を世の中に広めようとしたり、商売の道具にすることは決してありません。ひっそりと普通の人間として暮らしていらっしゃいます。先生のために、私は神様からのメッセージを取り次ぎ、先生の代りにこうして文章を書いているのです。

偶然というものはありません。必要な人と出会わせていただいているのです。自分にとっては嫌な存在の人も、大切な人も、すべて「運命の人」なのです。ただ、どのタイミングで出会えるかは、自分しだいであり、状況しだいなのです。何月何日に出会えるということは、神様でさえ断言できないことです。私も神様に言われました。

「魂が繋がった深い縁のある男性とはまだ出会っていない。明日出会えるかもしれないし、今世では出会えないかもしれない。それはわからない」

「え～」と叫びたくもなりますよね。明日と来世の差はあまりにも大きすぎます。これほどまでに日々状況は変化しています。必要な時期に、必要なタイミングで出会えるように、神様はしっかりサポートしてくださっているのでしょう。状況だけでなく、自分が変われば世の中も変わり、世の中が変われば自分も変わるのです。それでも、「今」という瞬間に自分が行動しなければ、その偶然を手に入れることはできないので、常に直感を研ぎ澄ませて、必要な出会いを手に入れられるようにしたいと思っています。もちろん男性に限らず、です。

私はA先生と出会って、あらゆることが変わりました。今までは、何かが見えたり、聞こえたり、未来を予言したり、奇跡を起こすことが凄いことだと思っていました。しかし、本当に凄い人は、人目に触れず、何の見返りも求めず、ひっそりと、人生をかけて、お役目を全うしている人だということが、わかりました。

考え方も、生き方も、生活すら変わりました。他人から見れば、大変だと思われるかもしれません。でも私は幸せです。魂が望む通りに生きているからです。そして、私のモットーは霊性と人間性を絶妙なバランスで保つことです。せっかく人間として生まれてきたのですから、人間としての楽しみや生活も忘れずに、人間らしくと思っていますので、毎日楽しく生きています。ですから、決して大変ではないのです。

A先生とは遥か昔からご一緒させていただいていますので、今世でも先生に出会えて、またご一緒させていただけることに、心から感謝しています。そしていつまでも、一番のサポーターでいられるように、努力し続けなければならないと思っています。

七　役目

【役目に大きいも小さいもない。比べる基準が違うからだ。それぞれの器に見合った役目なのだから、すべて妥当なはずだ。大きい器に大きい役目、当然のことだ。己の役目を全うすることの喜び、今までにいったい何人の人間が感じられたのであろうか】

すべての人間に与えられた共通のお役目は、「波動を上げる」ことではないかと思います。言葉にするとたった一言ですが、とても奥が深いことです。

波動というのは、氣であり、エネルギーです。役目を全うするためには、少しでも波動が高い状態を保つことが必要です。役目に大きいも小さいもないと、神様もおっしゃっていますが、今の自分から、今の状態から、波動を上げる努力をすることは、誰にでもできることですし、必要なことです。

波動を上げる、と聞くと難しいことのように思われるかもしれませんが、特別なことをする必要はなく、正しく前向きに生きることが基本です。目的をもった生活をし、目的に向かって明るく、楽しく努力している状態は、波動の高い状態といえます。そして目的を達成したときには、その達成感を味わいながらも、協力してくれた周りの人たちに感謝を忘れないことが重要です。その感謝の気持ちを持つことで、さらに波動は上がります。

逆に波動が低い状態とは、我が強く、自分中心の考え方しかできない状態です。その状態の中にいると、「我」の殻の中に閉じこもり、すべてを自分以外のもののせいにしてしまいます。

「最近ツイていない……」

と感じるときは、まさに波動が下がっている状態です。悪い波動は、見えない振動となって悪い波動と同調し、悪い状態を引き寄せてしまうのです。その状態を引き寄せているのは、自分自身ということです。さらに、すべてを他人のせいにしたり、不平不満ばかりを口にしていると、どんどん悪い状態を引き寄せて、どんどん波動が下がってしまうのです。

そのような時は、まずは謙虚になって、

「この状態を引き寄せているのは、自分の波動が下がっているからだ」と気づくことです。気づくことは、氣づくことで、「氣」が「つく」ことなのです。波動が下がったからといって、あきらめることはありません。気づくことが第一歩。そこで素直に反省し、波動を下げてしまった自分の考え方や、行動を振り返って、改めることです。波動を上げるのも下げるのも自分しだいなのですから、波動を上げる努力をすれば、「ツイている」状態を引き寄せることも簡単にできるのです。

世界中のすべての人間が波動を上げて、前向きに目的を持ち、感謝の気持ちを忘れずに生きていれば、それはもう平和な世の中になると思いませんか?

もちろん、そんなに簡単なことではないということは、わかっています。人間ですから、常に高い波動を保つのは難しいことです。ちょっとしたことで落ち込むことも、イライラすることもあります。もちろん私もあります。そのようなときは、いかに波動が下がった状態を、短時間で済ませられるかというのが重要です。イライラした状態が長く続くと、今まで高めてきたエネルギーが一気に下がってしまいます。波動を上げるには大変な努力が必要ですが、悲しいことに、下がるのは一瞬なのです。

私自身、仕事でイライラすることもありましたが、その時は、帰りの電車の中で、電車を降りたら忘れよう。だから、今だけ思いっきりイライラする！　と心に決めて、まずは思い存分イライラしました。きっとその時の顔は、恐ろしく怖い顔だったのではないかと思います。叫びたくなるほどイライラした後、

「それでもきっと、この状態を引き起こしたのは自分。何かに気がつかなくてはならないのかもしれない」

と、深呼吸をしながら冷静になった時には、不思議とイライラもなくなっているのです。吐いた息と一緒に、イライラにもさよならするようなイメージですね。いつまでもイライラを引きずっていれば、自分自身の波動を下げてしまいますので、少しでも早く切り替えられるようにコントロールしていました。していたというよりは、コツを掴んで、できるようになったのです。私にはお役目がありますので、私にとって波動を下げることは、スポーツ選手が怪我をしてしまうようなもので、常に意識して生活しなければ

ばならないからです。

とはいっても、現実はなかなかうまくいきません。誰もが自分をコントロールできるとは限りませんし、イライラにイライラが重なって、どうすることもできなくなることもあると思います。結局自分をコントロールできるのは自分だけですので、何でもよいので、自分にとっての対処法を考えておくとよいと思います。好きな音楽を聴くことでも、好きな物を食べることでも、お風呂に入ることでも、何でもいいのです。波動が下がりそうな時に、自分なりに回避する方法を見つけ出すことです。

最近の私はほんの数分で元に戻ることができますが、その昔は落ち込んですぐに立ち直れない時や、イライラした時には、様々なことを試しました。

一、旅に出る
一、塩風呂に入る
一、美味しい物を無心で食べる

一、ひたすら寝る
一、好きな映画を観る

一番効果があったのは、旅に出ることでした。遠くに行くことはできなくても、ちょっと遠出して温泉に入ったり、海を見に行ったり、公園を散歩することでもいいのです。きっと私のイライラを自然が吸い込んでくれたのだと思い、感謝しています……。その時にどのように自分の気持ちが変化していくのかを知ると、どのような状態でも自分の気持ちをコントロールできるようになります。間違えていただきたくないのは、これは、我慢することや、言いたいことを言わないこととは違います。あくまでも「コントロール」です。

役目は人それぞれで、一つとは限りません。今まで出会った人、一人ひとりを思い出してみて、その人は何のために自分と出会ったのかを考えてみると、おもしろいですよ。今の仕事に活かされている技術を教えてくれた人であったり、落ち込んだ時に慰めてくれた人であったり、自分の弱点を気づかせてくれた人であったり……。

波動が上がれば、波動に見合った役目が与えられますし、その波動にあった人と出会えます。そして大きなサポートが受けられるのです。そして今は、波動を上げなければ新しい地球には行かれないのです。その事実を知っているだけでかなりお得です。そのために努力するチャンスをいただけているのですから、すべての人間にとっての共通のお役目を、一人でも多くの方が意識してくだされぱと思います。

人間性を磨き、波動を上げる。

もちろん私もまだまだ努力します。努力に終わりはありません。成長にも終わりはありません。

八　サナートクマラ様と私

【夢で見たこと、魂が出かけたその記憶であることがほとんどだ。ただし、覚えていること、記憶に残る時には、人間の脳で一度変換されてしまい、そのまま覚えていることはない。言葉もそうだ。われらはメッセージを伝えるが、それは受け取り手の脳で変換されるのだから、受け取り手の知らない言葉は出てこない。知らない国の言葉を伝えてもわからないということだ。だからすべてにおいて完全な状態で知ることは難しい。しかしそれはさほど問題ではない。われらはヒントを与えているのであり、完璧な答えを届けたいわけではないからだ。どのように受け取って、どのように解釈しようとかまわないのだ。どう受け取るかが大切なのだから】

たくさんの神様がいらっしゃる中で、大変失礼な言い方ですが、私にとって「父親」のような存在の神様は、宇宙連合総司令官であるサナートクマラ様です。今から六五〇万年前に、金星から鞍馬の山に下りた神様とも言われています。鞍馬に行ったことがある方はご存知でしょう。私はA先生と出会うまでは、恥ずかしながら、お名前すら存じ上げていませんでした。

A先生と出会って間もない頃だったと思いますが、夢の中に、白い服を着た仙人様のような方が出てきました。場所はキャンプ場のようなところでしたが、初めて見る景色でしたので、今までに行ったことのある場所ではないようでした。周りは山に囲まれており、夢の中でも、それがかなりの山奥であるとわかりました。私以外にも知らない人が何人かいたのですが、その仙人様から研修を受けているような、何かを教わっているような感じでした。A先生からは、サナートクマラ様かもしれないと言われていたのですが、私自身神様のお姿を拝見することはできませんので、確かめる術もなく、日々過ごしていました。ただその時の映像は不思議としっかり頭の中にやきついていて、いまでもそのキャンプ場のような景色と、仙人様の姿を覚えています。

夢を見てからどれくらいでしょうか。数ヶ月たったある日、私は休みを利用して鞍馬の山に向かいました。その時にはすでにメッセージをいただけるようになっていましたので、電車の中までサナートクマラ様がお迎えに来てくださり、感激したことを覚えています。そばにいるというメッセージをいただいたので気がつきましたが、実際にお姿を拝見することはできません。

その日は、本殿の地下に行くことを許していただいていたので、本殿金堂にご挨拶した後、地下の宝殿に向かいました。すごく暗いと聞いていたので、基本的に怖がりの私は、懐中電灯を握りしめながら、ゆっくりと階段を下りて行きました。一歩進むごとに、真夏とは思えないひんやりとした空気を感じます。地上の暑さが嘘のようで、そこだけ時間が止まっているのではないか、とさえ思えるような空間でした。異空間に吸い込まれそうな、なんとも言えない感覚は、言葉では言い表せないものがあります。確かに暗闇ですが、不思議と怖くはありませんでしたので、ゆっくりと、導かれるままに、奥のほうへと進んでいきました。

そしてついに……。

宝殿に安置されている、サナートクマラ様のお姿を拝見することができたのです。私は思わず声を上げてしまうほど驚きました。そのお姿は、まさにあの日夢に出てきた仙人様そのものだったのです。やっぱりそうだったのかと思うと、涙がボロボロと止まらなくなり、しばらくその場を離れることができませんでした。普段は何も見えない私ですが、そのときだけは、サナートクマラ様のお顔が、くるくると渦を巻くように笑顔に変化したのをはっきりと見ることができました。その笑顔を拝見し、ますます涙がとまらなくなった私に、

【大丈夫だ、自信をもて】

と励まし、安心させてくださり、すっぽりと包みこんでくださっているような、温かさを感じることができました。

すでにお役目を果たす決心をしていましたが、温かく見守ってくださり、信じてくださっていることを実感し、ますます気を引き締めなければと思えた、私にとってはとてもとても重要な旅となりました。

今も毎日、サナートクマラ様からのお言葉をいただいています。

しかし、最初からそのお役目をいただいていたわけではありません。神様からメッセージをいただけるようになったのは、A先生と出会って半年ほどたってからのことです。まさか自分にこのような大きなお役目をいただけるようになるとは、一年前の私には想像すらできませんでした。

今思えば、神様はもっと早くからメッセージを伝えてくださっていたのだと思います。なぜなら、幼い時から「直感」で動いてきたからで、その直感こそ、一番わかりやすい神様からのメッセージなのです。A先生と出会えたセミナーに参加したいと思ったのも、直感以外のなにものでもありませんでした。

直感はあくまでも直感で、意識して感じるものではありません。メッセージを受け取るというお役目をいただいても、なかなか思い通りにはいきませんでした。文章としてメッセージを受け取るには、直感を感じる時のような、「無」の状態を継続しなければなりません。「無」になることの意味を身体で理解しなければなりませんでしたが、私はいつも頭の中で何かを考えていたのです。

「冷蔵庫のプリンそろそろ食べないと……」
「明日は仕事何時からだっけ？」
「あのドラマの続きはどうなるんだろう……」

人間であれば当然のことです。いつもどうでもいいことを考えています。だからあえて「無」になろうとしても「無になろう」とすることがすでに無ではないのです。「無になった」と思った時点で無ではないのです。本当に難しいことでした。できない自分に焦ることもありました。役に立ちたいという、気持ちばかりが先走りすぎて、かえって力が入りすぎていたのです。

【気は抜かず肩の力を抜きなさい】

と他の方を通してのメッセージもいただき、その言葉を胸に毎日毎日練習しました。どんなに眠くても疲れていても、神様と向き合うことだけは欠かさなかったのです。

それは突然、本当に突然でした。まずはA先生が近くにいる時だけ、メッセージが降りてくるようになりました。最初はその言葉が自分の考えなのか、メッセージなのか、よくわかりませんでしたが、それでも頭に浮かんだことは口に出して言葉にするようにしました。ただ素直に、浮かんだ言葉を伝えるだけなのですが、あきらかに自分の考えではない言葉が、少しずつ長い言葉で浮かび上がるようになっていきました。

私にとっては突然でしたが、A先生が神様にお願いしてくださり、良いタイミングでメッセージを受け取ることができるように、取り計らってくださったのだと思います。

日々のお言葉は、神様から直接いただいているのか、お遣いの方が伝えてくださっているのかは、私にはわかりません。しだいに自宅にいても、メッセージをいただけるようになりましたので、頭に浮かんだ言葉を毎日ノートに書き留めています。

神様がおっしゃる通り、私が書き留めているメッセージは、「私」というフィルターを通しての言葉ですので、内容は理解できないことがあっても、知らない言葉は出てきません。時々「訳せない」と感じることがあり、それは私が持っている語彙では対応できない内容のメッセージなのだと思います。

毎朝毎晩。もう何ヶ月も続いていますが、ただの趣味程度ではここまでできません。神様のお言葉を伝えるというお役目を全うしたいという一心です。日々のお言葉は、A

先生へのメッセージであり、すべての人間へのメッセージです。すべてのお言葉を私は最初に聞くことができるのですから、本当にラッキーだと思っています。

私は個人的なことを神様にお尋ねすることはありませんが、それでも悩んでいること、考えていることは不思議とばれてしまいます。そんな時は、メッセージの中にヒントが隠されていることが多く、そのたびに、さりげない優しさに感謝せずにはいられません。疲れていないふりをしていても、実際に身体が疲れている時は、身体を休めなさいと怒られることもあります。いったい何を見て判断されているのだろうかと不思議に思いますが、おそらく神様は、人間がエネルギーの塊のように見えているのではないかと思います。オーラの色が変化するように、疲れている時の色、努力している時の色、悩んでいる時の色、そのささやかな変化に気づいてくださっているのです。

厳しい事をおっしゃることも多々ありますが、そのお言葉の中にもしっかりと愛情を感じることができます。神様はどこまでも謙虚で、どこまでも愛にあふれているのです。

私は一人の人間として生きています。神ではありません。私から神様の姿を見ることはできなくても、神様と共に歩み、私の中の神様を感じて生きています。私の中の魂、守ってくださる神様、そして人間としての私。三位一体となって生きているのです。

私は幸せ者です。最高のタイミングで私を導いてくださるA先生に出会わせていただけて、素晴らしい仲間にも出会いました。この本を書くために協力してくださるたくさんの方々がいらっしゃり、神々様に見守られて日々生きているからです。

これから先、私自身の魂の歴史をもっと知ることになるかもしれません。自分で思い出さなければならないこともある、と思っています。すべてが「今」につながっていることですので、一つ一つを受け止めていきます。

ここまで私の文章を読んでいただき、ありがとうございました。読み返してみると、書いている時々で自分の波動が違うことがよくわかります。皆さんもきっと、すんなり言葉が入ってくる文章と、理解できない文章があると思います。すべてを理解していただけなくても、一つでもヒントを見つけ、何かのきっかけにしていただけたら幸いです。

これから世の中が大きく変わろうとしていて、そのことは避けられないのであれば、この変化を乗り越えるために一人ひとりができることを考えていただけることを願っています。

第二部では解説を入れず、宇宙神からいただいているメッセージをそのままお届けします。そのお言葉をどのように受け取るかは、人それぞれです。心の目で読みながら、皆さんなりの解釈をしてみてください。今のあなたに必要なヒントが、きっとどこかに隠れています。

かけがえのないあなたへ、神様からのメッセージが届きますように……。

第二部

宇宙神からのメッセージ

ここからは、日々いただいているお言葉をそのままお伝えしたいと思います。すべてが宇宙神からのメッセージです。サナートクマラ様だけでなく、たくさんの神々様からメッセージをいただいています。読む人によって、解釈が異なることもあると思いますが、それはそれで良いのです。読むたびに受け取り方も違ってきますので、できれば何度も読み、理解を深めていただければと思います。

宇宙から届いた、一〇〇のメッセージを載せました。最初から読んでいただいても良いですし、その日気になる文章を読んでいただくのも良いかと思います。何か心に残る言葉や、気になる部分があれば、それは今のあなたに必要なメッセージかもしれません。

【一】マヤの時代、その時代のことを人間がどんなに考えても、本当の意味を理解できないだろう。時間の流れ、その概念も違う。魂のレベル、宇宙のレベルで思い出すことが重要だ。思い出してどうするのか？　同じことを繰り返さないようにするのだ。何度も何度も繰り返してきた。これが最後だからな。一人でも多くの者が魂から理解して欲しいのだ。上辺だけの情報に左右され、翻弄される人間ども。人間に伝えていくことは、人間にしかできない、われらにはできない。人間であることも重要な役目だということを、忘れないでくれよ。

【二】数々の試練を乗り越えてここまでたどり着いた。気がついていない試練もあったであろう。幾度となく試されてきたのだ。乗り越えられた者にしか与えられない。その者だけが選ばれる。人間の姿で神になることはできぬ。ここからは乗り越えるべき壁が見えてくるであろう。それは絶対に越えなければならない。できるのだ。

【三】可愛いものだ。これから現れる壁は可愛いものだ。われらにとっては大したことではない。お前たちにとってもたいしたことではない。しかし、右往左往する人間はいるだろう。多くの者を助けたいが、どこかで切らなければならない。見捨てるともいうが、見捨てるわけではないのだぞ。その人間が自ら堕ちていくようなもの。勝手に堕ちていくであろう。

【四】雨が降る日もあれば、晴れる日もある。地球の外から見れば変わらない。

いつも美しい星なのだ。誰もが心を奪われる星なのだぞ。そのことに人間は気がついていない。その中にいるとわからないのかもしれないな。きれいな星は他にもある。しかし、地球とまったく同じ星はないのだ。美しさを保つことができるか……ぜひ保ちたいものだ。

【五】魂の大きさはその人間の行いによって変わってしまうものだ。人間の身体は入れ物であって、入れ物と魂の大きさは関係ないのだ。その人自身が持っている魂の器があり、器を大きくするも小さくするも、本人しだいなのだ。理解して行う。その行動がなければ何も変わらない。理解する、思い出すことも、どれだけ行動できるかによって変わってくるのだ。口で言うのは簡単だ。思ってもいないことを口にすることもできるだろう。どれだけの人間が行動できるのか、そこが問題だ。

【六】悪は暴れて散っていく。ちょっとした災害、事件と共に燃え尽きる。ここに残った魂が、最後に力を振り絞るのだ。これは人間も同じであろう。終わりが見えた時に、最後の力を振り絞る。生きるため、助けるために。それは美しい力だ。しかし、そこで力を振り絞っても遅いのだ。そんなときだけ神にすがっても遅いのだ。そのことがわかっているのは、どれくらいいるのか……少ないな、少なすぎるな。われらから見れば悲しいことだ。

【七】宇宙には数えきれないほどの星がある。そのことは誰もが知っているはずだ。なぜか地球のように生命体がいることは信じようとしない。そして、必ず他の星からくる者は、侵略者、敵と考える。イメージが刷り込まれているようだ。もちろん全ての星が紳士的ではない。地球だってそうだろう。自分の星が中心、一番と考えているのだ。そんな数々の星を一つ残らず浄化してこそ、宇宙全体のアセンションが完了する。果てしないぞ。でも、やらねばならぬ。

【八】月を見て何を思う？　星を見て何を思う？　美しいと思うのか、懐かしいと思うのか、遠い昔を懐かしく思うか。あの頃見ていた宇宙は、形を変え、姿を変え、現在に存在している。宇宙は広い。人間の想像を超えている。その中の一つ一つの星が調和を保っているのだ。どんなに小さな星でも無駄ではない。意味がある。空を見上げよ。宇宙を見上げよ。

【九】テクノロジー。電気もそうだが、最小限の知恵を与えた。ところが人間は、当たり前のように使い、もっともっとと欲が出る。環境のためなどとうたいながら、新しい物を開発したがる。今、電気の大切さ、ありがたさ、今までの無駄遣いを考える人間が増えた。しかし、電気だけではないぞ。人間が生きるために犠牲になっているものが数多くあるのだ。感謝がないな。最低限必要な物まで失うことはない。あまりにも当たり前になりすぎ、感謝もなく欲ばかり。もっと気がつく人間が増えて欲しいものだな。

【十】ようやく目覚めた神々が動き始めた。ここからは神々の力、人間の力を合わせて進めなければならない。人間が簡単に目覚めぬように、まだ目覚めぬ神もおる。すべてが動き出したわけではないが、待っている時間はない。進み始めた列車になんとか間に合うように。おいていかれるなよ。早いぞ。目をしっかり見開いてみていろよ。未来への記憶じゃ。

【一一】どんな魂も成長することができるが、大きく成長することはほとんどない。人間は目に見えることとしか信じられないのだろう。魂そのものを信じられない者ばかりだ。魂は歴史、良い行いも悪い行いもすべて記憶している。だからこそ今の自分が存在しているのだ。どこまでも辿っていけば、宇宙のさらにもっともっと奥に繋がっている。しかし、新しい魂と古い魂とでは生まれた時代が違うのだ。

【一二】進化。人間の元はサルか？　魚か？　人間は人間だ。人間の始まりを誰も知らないだろう。どんなに学んでも、調べても、その日のことを知る人間はいない。どう思ってもかまわないが、人間は人間なのだ。われらにとっても特別な存在。サルと人間は違うぞ。気がつけば人間として生活し、いつの日か消える。魂が記憶していても、すべてを思い出す者はいない。必要なことだけ思い出せばよいのだ。思い出すという感覚。人間の感覚とは少し違うかもしれないな。今やり遂げたいこと、夢中になること、それも思い出すという感覚の一部だ。

【一三】百年、二百年という時間を一人の人間が体験することはできない。われらにとっては、短い時間だ。大きく何かが変わる時には、それくらいの時間がかかるであろう。しかし今回は違うぞ。じんわりゆっくりしている時間はないのだ。時間もなければその方法を誰も知らない。われらにとっては一瞬。お前たちにとってはどれくらいだろうか。実感として変化を感じられる貴重な時間だ。

【一四】それぞれの力、それぞれの役目、別々に分けた力はすべて一つに繋がっている。すべての力を一人の人間に託すことはできない。身体にきてしまうのは、ある程度仕方のないことだ。その時に何を考え、どう動くのか？　それで決まる。病ととらえるのか、準備ととらえるのか、これは心の問題だ。われらに心を完全に理解することはできない。それでも無視することはできないのだ。その心とやらを受け入れ、理解しようとしているのだ。われらでもそうなのだ。他人の心を受け入れ、理解することを忘れるなよ。

【一五】誰かが大きくなり強くなれば、全体が大きくなり強くなる。地球が大きくなり強くなれば、宇宙全体も大きくなり強くなる。しかし、その変化について来られない者、星は戸惑い、迷い、足が進まなくなることもあるだろう。それぞれのペースがあるのだから、切り捨てることはない。宇宙の星たちも切り捨てることはない。しかし、最後の最後についてこられなければ、自ら堕ちてしまうであろう。どんなに手を差し伸べてもどうしようもない。全体が大きくなるためには、誰かが大きくなるしかないのだ。その役回りも大変であるし、食らいついていく役回りも大変であろう。地球が率先して浄化し、全体を浄化していく。そのためには仕方のないことだ。

【一六】大宇宙の法則を調べようとする科学者たち。何を知りたいのか？　何を求めているのか？　知りたいと思う気持ちはとても大事だが、本当に知るべきことを素通りし、必死に学ぼうとする。その労力を少し別の方向に向けるだけでも色々なことが見えてくるのだがな。人間界には無い物、無い考え、無い法則……人間界の頭で考えても、決してわからないだろう。それでも探究心は必要だ。知りたいと思わないと何も始まらない。

【一七】ある日の朝世界は変化している。気がつく者、気がつかない者様々だ。どんなに大きな変化があっても、受け入れられず、何も変わっていないと信じたくなる者もいるだろう。変わりゆくことは、変わらない何かに気づくことであり、新しい世界との出合いなのである。

【一八】この世界に望んで生まれてきた者たちよ、何故忘れてしまうのか。忘却も必要ではあるが、すべてを忘れてしまうのは残念でならない。思い出すきっかけは色々なところにあるはずだ。そのヒントに気がつかない者が多い。その直感を感じない者が多い。直感は神からのメッセージだ。祈りに祈り、神々も人々も目覚めさせねばならぬ。真心からの祈りだ。誰でも簡単なことだが、どうやら簡単にもいかないようだ。どうかより一層心をこめて祈って欲しい。

【一九】地球にあふれているエネルギーは、人間の欲、嫉み、恨み……世界中にあふれている。前向きな心で神を信じ、謙虚に生きている人間ももちろんいる。その少数の人間のエネルギーよりも、はるかに暗いエネルギーがあふれている。しかし、エネルギーの強さは前向きなエネルギーのほうが強いのだ。ただ数で負けているだけのこと。一人ひとりが気づき、改心すれば全体が変わってくる。大きなものを変える時には、小さな一人ひとり、一つ一つを変えていけば良い。大きなものを変えるのは我らの仕事。小さなものを変えるのは人間の仕事。

【二〇】人間は現実を受け入れ、可能なことも不可能なことも、なぜそのまま受け入れられないのだろうか。何かを手に入れれば、もっと欲しくなる。それもかなりの高望で、そのために必死になる。持っていない物は欲しくなる。他人がうらやましくなる。自分自身がすべてであり、何の遜色もない人間である。神の目からみれば人間は皆平等だ。当たり前の努力なくして欲しい物は手に入らないのは、当然のことだろう。幸せになるための技術は大いに結構。しかし、本当に幸せになれるのか？　誰も問うことなしに始めてしまうのが、そもそもの失敗だった。皆で分け合えば良い。皆で分かち合えば良い。戦わずとも、争わずとも、幸せに、豊かに生きることはできるのだ。

【二一】愛という言葉を口にするのは簡単だ。でも本当の意味を知らずに口にしたり、意味を知ろうともしないのだ。愛とは最も簡単なことで、最も理解が難しい。何が本当の優しさで、正しさであるのか？　無条件に他人を助けたり、優しくできているのか？　見返りを求めていないか？　われらはいつでも愛を注いでおるぞ。たとえ人間が裏切ろうとも、気づかぬとも、ただただ注いでいるのだ。無条件の祈り、受け取るか受け取らないかは魂しだい。本人しだい。その決心は本人がすることだ。ただただひたむきに祈り、光を届けよう。

【二二】世界各地でボロが出る。今までひた隠しにしてきたこと、ごまかしてきたことが表に出てくる。一つ一つは大きく取り上げられなくても、よくよくこのタイミングで暴かれることの意味を考えてみるがよい。自然災害だけではない。膿は出てくる。何かのきっかけで少し引っ張られると、どんどん膿が出てくる。よく見ておけ。

【二三】人間の身体をシフトしていくためには、少しずつ少しずつ浄化し、少しずつ変えていかなければならない。なんとも言えぬ違和感を感じることもあるだろう。そのときも準備と思えば、何も不安になることはない。すべては偶然ではない。自分の身に起きていること、周りに起きていること、すべては起こるべき出来事だ。身体の調整で、そこで諦めてしまってはもったいないだろう。その段階にきているだけだ。すべてを受け入れよ。

【二四】日本だけでなく、世界中で預言者と呼ばれる者が様々なことを言っている。具体的に日にちを上げ、何が起こると。確かにエネルギーの動きとしてはその方向に進んでいるかもしれぬが、この日と限定することはわれらにもできぬことだ。近くにならなければ分からない。祈りによって変わり、神々の動きによって変わり、何かが変化すれば、予定も変わる。すべてが限定されると、早い段階から混乱もするだろう。

【二五】他人のために祈る、国のために祈る、地球のために祈る、宇宙のために祈る。それはとても急に思いついてできることではない。心の奥にある感情、地球を思う気持ちを思い出さなければできないであろう。自分のため、家族のためであれば誰でもできるのだが、自分というものは、自然があり、地球があり、魂がないと存在できないのだ。世界の平和、地球の平和を祈ることは、家族のためであり、自分のためでもある。まずはそこに気がつくことが最低ラインだ。その先の努力は誰にも分からない。どこまでできるかは誰にも分からない。すべては己しだい。何度も申しているが、すべての答えは己の中にあるのだ。

【二一六】未来を知る、予言、何を知る必要があると思うか。明るい未来を知れば、安心して暮らせるかもしれない。しかし、未来を知ることは、過去に立ち返ることだ。今までの行いが何を生み出したのか、このままいけばどうなってしまうのか。振り返り、反省し、軌道修正するために知っておくべきことなのだ。今わかる未来は、このまま進めば訪れる未来。未来は変わる。ただただ恐れるために知っても意味がない。諦めるための預言でもない。本当に諦めるのであれば、いますぐその未来を、今に変えることもできるのだ。悔い改める時間を与えられている。早く気づいた者は、それだけ時間があるということだ。

【二一七】これ以上何を求める、何が欲しい。ほとんどの人間はもっともっと何かが欲しいと言うだろう。地球の裏側では食べる物も、住む家もない国もある。すべてがそろっているのに、もっと贅沢したいという国もある。貧しい生活の中でも強く清らかに生きている人間もいる。頑張る者たちには何とかしてやりたいと思うが、手出しはできぬ。気づいてくれる人間を待つしかないのだ。物はモノであり、無ければ無いでなんとかなり、あればあったでもっと欲しくなる。その物の価値を宇宙規模でみてほしいものだな。

【一八】一番遠くの存在、一番大きな存在から離れてしまった者たち、忘れてしまった者たち、この距離を近づけるのは大変なことだ。あまりにも大きな存在。見上げてもその目で確かめることはできない。しかし、目を開けて見えるもの、感じるもの、すべてが大いなる存在だ。約束を果たし、働くこと、ただ信じて働くこと、決して苦痛ではないはずだ。必死に働くことが苦痛だと思い込んでいる。最初から用意された道を歩くことは苦痛などない。喜びに満ちあふれている。つらいと感じることがあるなら、何かが間違っている。人間として余計なことを考えたり、邪魔している何かがあるのかもしれないな。

【一九】良かれと思った行動が、良からぬ方向に進むこともある。間違った信念を貫こうとした結果だ。何が良かれか。われらのため、大いなる存在のため、そのために何ができるのか。人間の良かれと思うことは、他人の我慢を満足させることや、自分自身の欲のためであることが多い。しかし、良かれと行動することは良い。途中で振り返り、間違いに気付いた時に、素直に改めれば良いのだ。その経験から学ぶこともあるだろう。素直に聞き入れず、立ち止まらないことが一番危ない。こうするべきだという信念にとらわれすぎている。われらも何事も強制することはできない。素直な心があれば何度でもやり直せる。

【三十】地球が新しい地球にシフトする、それについてこられない者は抹殺する。その簡単な方法でもよかった。しかし、少しでも多くの魂を残したい。そのためには次元の低い地球も必要なのだ。しかし、今まで通りの地球はなくなる。新しいところに向かう魂がそちらに向かうということは、低いエネルギーばかりが残る。争いを好み、嫉み、怒りにあふれたエネルギー集団になるのだ。それは想像しただけでも恐ろしいだろう。それでも抹殺されるよりましだと考えられるか。このタイミングで新しい地球号に乗り遅れては、もう乗り換えることはできない。抹殺されても仕方ない魂の集団である。後悔しても遅い。自分で選ぶのは自由だが、一人でも多くの人間がシフトできるようにしたいものだ。

【三一】いよいよ時は迫ってきた。数々の予兆はあったはずだ。本番はこれからだ。まだ、人間が体験したことのない世の中に出会うことになる。決して心を曇らせるな、いつも神と繋がっていれば、いつでも道筋は見えてくる。怖くなることもない。周りが慌てふためく姿を見て、慌てることもない。人間にとって必要な試練だ。これを乗り越えなければ何も変わらない。マイナスに捉えてはいけない。世界中に注目しておけよ、北から南、西から東、海、山、空。色々なところに目を向けてほしい。慌てなくてよい。信じろ、われらを信じろ、己を信じよ。

【三二】誰もが「話」として信じることはできても、自分に置き換えて考えたり、自分のこととして考えることは難しいようだ。自分を守りたい。自分が可愛い。それは本能。しかし、よく考えてみよ、本当に自分を守ってくれるのは誰なのか。そもそも自分とは何者なのか。感じ取ることができる者は、どのような例え話であっても、その中から必要な言葉を選び、身につけ、動くことができる。感じ取ることができない者は、例え話を現実のものと考えることができない。小説を読むように話を聞いているのだ。そのベクトルはどんどん離れて行く。その先には次元の差ほどの差が生まれるのだ。きっかけは少し。始まりは少し。ちょっとしたことの積み重ねが、魂の大きさを左右するのだ。

【三三】魂の故郷はそれははるか彼方遠い場所。でも実はとても近いところでもある。近いが遠いという感覚も、人間ならでは、なのかもしれない。宇宙の果て、遥か遠くも人間の心の中も同じである。同じ空間の中にあり、過去にも未来にも存在する。空気とは少し違う。目には見えないエネルギー、オーラとでもいおうか。魂に形はない。瞬時に移動できるのだから、フットワークも軽いぞ。誰もが持っている魂は、今何を望んでいるのだ？　耳を傾けたことがあるか？　いつでも叫んでいる。いつでも伝えている。少しでもその肉体に届くように。想像もできないくらい長い旅をし、試練を乗り越えてきた。古くて強い魂はこの時のためにずっと力を蓄えてきたのだ。それだけの歴史。人間の頭ではわからない、魂に刻まれた心を思い出してほしい。

【三四】良き光を持つ者には、良き光を持つ者が集まり、その輪は守られ、そしてまた光は大きくなる。その逆を考えると恐ろしいであろう。これから次元が変化するということは、そういうことだ。明るい輪に入るのか、入れないのか、それを自分で選んでいくしかない。

【三五】争いのない平和な世の中を望む者は多いはずだ。それでも世界平和をうたいながら、身近なところで権力争いをしたり、他人と比べてもっとこうなりたいと欲を出したりするのだ。本当の平和というものを知らないし、考えたこともないのだろう。結局は自分だけ平和に暮らしたいという傲慢な心があるからだろう。平らな和、平らな輪。上も下もない。地位もない。人を見下すことも見上げることもない。手を繋いだ輪が、大きな輪がそこにあるだけだ。もちろんその輪を保つため、より強く大きくするために、まとめる人間、指導する人間は必要であろう。しかし、それもただの役割であり偉いわけではない。皆が同じように生き、同じように行動する必要はないのだ。それぞれの役割を全うできる世の中になればよいのだ。

【三六】宇宙は日々変化している。宇宙に終わりはない。宇宙そのものが大いなる存在であるからだ。これからも大きくなり、変化していくのだ。どうしてこんなにも多くの星があるのだろうか。最初は神の棲みかであった。神々が生まれ、それぞれの星に棲むためであった。今は地球に人間が増え、たくさんの神が地球に下りているが、本来はそれぞれの星に棲んでいる。地球が変化していき、宇宙のバランスが変わっていったのだ。また宇宙のバランスを取り戻す時がきた。神も人間も宇宙のバランスの中で存在しているのだ。

【三七】足元を見れば、ゴロゴロと小石が転がっていて、その小石が面倒に見えることもあるだろう。しかし、大空を見上げれば、小さな石は気にならない。それでも足元に何かを感じ、乗り越えたいことがあるのであれば、大空を見上げながら乗り越えればよい。決して下を向いて、その小石に集中してはいけない。ついつい人間は、目の前の困難に集中してしまう。その困難を乗り越えることに必死になるな。大空を見上げ、広い心をもってその困難に取り組め。困難そのものがなくなることはない。ただ困難を困難と感じなくなればよいのだ。

【三八】想いを届ける時には、受け取る側の心理、状態をよく理解、適切に伝える必要がある。何も分からぬ者に難しいことを伝えても、全く理解できない。理解できて初めてわかったことに気づく。言葉にはたくさんのエネルギーがある。言葉にのせて、創造主の想い、神の想い、神聖な人間の想いを届けるのだ。

【三九】春、夏、秋、冬、季節をしっかり感じられる日本では、とても想像できないであろう。しかし、当たり前に思っていることが、当たり前でなくなる。春に見た景色が冬に現れるかもしれない。その変化に人間はどう思うのか。ただの環境の変化か。何が起こっても不思議ではない。全く変わらない者など、どこにも存在しない。無限に広がる宇宙も常に変化している。星の動きも変わってくるかもしれないな。何かが変われば、何かも変わるのだ。

【四十】前へ前へと進む者、ただひたすら前に進む者、そのスピードについてこられる者はごくわずか。人間は少しでも難しいと感じると、すぐに諦めてしまう。必死になって食らいついていく者は、こんなにも少ないのか、気持ちの問題だろ。難しいと感じたらすぐに投げ捨てる。そんなことでよいのか。誰かの背中を見ながら進むことが嫌であれば、誰よりも早く進めばよい。とは言っても、そのようにできる者はごくわずか。変なところで競い合う人間が、変なところではマイペース。本当に不思議な生物だな。

【四一】どんなに素晴らしい言葉でも、どんなに素晴らしい師がいても、どれもきっかけにすぎない。すべては自分しだいなのだ。この当たり前のことがわからずして、明るい未来に進めない。どんな困難にも、自分しだいで乗り越えられる。困難は必ずついてくるのだから。たとえそれが幻であっても、足が止まった時には、また次の一歩を踏み出さなければならない。本当はそのきっかけも自分の中にある。自問自答だけでは気付かない。人間の身体に腕が二本、脚が二本。当たり前すぎてそのことを考えることはないだろう。自分の中にあることに気づくためには、自らきっかけを掴むこと。そして誰かのきっかけになり得る存在になること。誰にでもできることであり、難しいことでもある。

【四二】命をつなぐため、食べて、眠り、動き、身体を使うことが必要だ。食べていなくても魂は存在するが、人間と魂がいったいとなって意味をなす。魂だけでは経験できないことが多いからだ。人間が家族を持ち、子孫を残す。血を受け継いでいくことにも意味はある。実際には同じ魂が、何度も親となり子となり、を繰り返すこともある。魂の歴史があるように、人間としての歴史を積み重ね、その歴史の下に、現在の世の中、現在の自分が存在する。今の自分は永遠ではない。

【四三】魂の年齢は人それぞれ。古くから存在する魂もあれば、新しく生まれる魂もある。一度生まれたらそこから、永遠に続いて行くのだ。人口が増えた、それだけ魂も増えている。やがて魂が成長すると、たましいのみで存在するレベルに上がることができる。何年、何百年、何億年という修行を経て、ようやく一人前だ。

【四四】あえて悪者に徹する、その苦しみは計り知れない。それでも信じられる小さなカケラがあれば、乗り越えられるのだ。どのような状態になっても、たった一つの小さな真実、絶対に信じられることを信じ続けること、それができれば恐怖はなくなる。悪き者を演じているのか、善き者を演じているのか。その者をよく見ればわかる。魂の輝きが違う。目の輝きが違う。人間を惑わせる悪が、本当の悪者ではないかもしれぬ。笑顔で手を差し伸べてくる、その手がワナであることもあるのだぞ。またやり直せばよいのだから、恐れる前に飛び込んでみればよい。その体験はすべて魂に刻まれるのだ。

【四五】人間は一人では何も言えなくても、集団になると急に強くなる。いや、強くなった気分になる。何故だ。一人の己と集団の己、何か変化があるのか。自分の考えをわかってくれる人がいる、分かち合える人がいる、それが心を強くするのだろう。確かにそうだ。しかし、何十人、何百人も必要か？　たった一人、二人、数人でも理解しあえる仲間がいれば十分ではないか。弱い心を隠すために何をしようとも、すべてお見通しだ。孤独を背負い、信念を貫き、ひたむきに進む者もおる。誰かと一緒でなければという人間的な考えはいらない。ただより精神的に考えると、本来は皆が同じ。心と魂は同じところに向かっているのだ。そのことをわかっている一部の人間は、あえて集団にぞくさなくとも何も不安がないだろう。すべての魂は同じ所から始まり、同じ所に帰っていく。人間すべてが兄弟であり、家族なのだ。その簡単なことに早く気がついてほしい。

【四六】善と悪、明と暗、暑い寒い、早い遅い。どんなことでも対となって存在することがほとんどだ。両方を知って初めて理解できるのだ。親の立場、子の立場、両方を経験して分かることも多いはずだ。神の立場、人間の立場、これも両方経験して初めてわかるのだ。神の立場は魂がある程度知っている。どの魂も元をたどれば一つだからだ。幾度となく分裂し、たくさんの魂が生まれた。その魂をもつ人間は、例外なく神の一部であるということだ。ただ認識していないだけである。

【四七】二つの力のバランスを保つには、時々どちらかに傾き、また反対に傾く。まったくどちらにも動かないほどに、バランスを保つのは難しい。そのバランスこそが調和であり、すべてが幸せになれるバランスなのだ。人間も人間としての心、人間性と、魂とのバランスをうまくとっていかなければならない。少しずつ合わせながら、探りながら、ちょうどよいところを探っていくのだ。それは自分自身でできることである。

【四八】五次元の世界。まだ細かいところは決まっていない。本当の五次元の世界は物質というものがなく、エネルギーだけの世界だ。しかし地球は三次元の物質である。三次元＋五次元のイメージができるか？　物質世界をある程度残しながら、五次元にシフトする。今までに見たことのない世界なのだ。完全に物質が無くなってしまっては、地球という美しいオアシスがなくなってしまう。それは寂しいことだ。美しい自然と共に、価値ある物質を残す。肉体が無くなれば、人間というものが無くなってしまう。まだイメージできないかもしれないが、磁気は身体を通すだろう、物質と精神の融合。そこまで辿りつけることを楽しみにしている。

【四九】愛の始まりは光そのものである。本当の愛はただ光を照らし、包み込む。そして見守るのだ。すべてを包み込む愛。そこに疑いも、裏切りも、見返りを求める心もない。愛はすべての始まりであり、すべてが還る場所である。人間として人間を愛する時、そこに無条件の愛はあるのか。期待を込めた愛ではないのか。子を想う愛、友を想う愛、地球を想う愛、自然を想う愛、そのエネルギーに包まれることが、何よりも幸せなことなのだ。宇宙は愛の塊であり、宇宙は地球を包み込んでいる。そして宇宙をもすっぽり包み込むような大きな愛。そこから始まった存在であることを、思い出すのだ。遠い記憶であっても、今何かを愛せるのならその証、愛を持っているならその一部である証。

【五十】光を届ける者たち、その役目にどのように気がつくのか。それは些細なきっかけと共に思い出す。はっきりとこれが役目だと思い出すことはまずない。何かしなければ、何かの役にたちたい、そんな些細な気持ちから始まるのだ。大げさなことではない。そして何をすべきか。一人でも多くの人間に本当に大切なことを伝えるのだ。方法はそれぞれだ。語り歩く者、ひたすら祈る者、各地を旅する者、それぞれが得意なことを活かせるのだ。もともと大きな光を持った存在。決心して旅をするだけで光は届けられる。その光がきっかけにもなる。何も難しいことではない。宇宙の真理をしっかり胸に刻み、真剣に人々のため、地球のため、宇宙のために行動するのだ。難しく考えるな、手段はいくらでもある。まずは気づけ。

【五二】新しい地球を見たいか。それは美しい。争いや嫉妬、物質に溺れた生活はなくなる。より精神的に、心穏やかに暮らせるのだ。もちろん完全に悪の存在がなくなることはない。それは相対する力が必要だからだ。しかし、バランスをとる程度のこと。願ったことは実現し、行きたいところにも行かれる、それはアニメの中の世界のようだ。そこに一人でも多くの人間が、自ら望んで移動してほしいと望んでいる。変化を恐れてはいけない。何も変えられない人間は仕方ないな、自分で選ぶのだから。

【五二】新しい次元、新たな段階、古い物が変化していくことは、まぎれもない事実。変化を恐れてはいけない。何も始まらないのだ。今までの風習、常識にとらわれていては、進化することはできない。何を守っているのだ。失いたくないこと、握りしめていることは幻だ。形のない幻想に振り回されていてよいのか。早くそれが幻であると、気づいてほしい。

【五三】気がつく者も最初はよい。気がついただけで変化したと勘違いするのだ。変化に終わりはない。成長にも終わりはない。人間としての欲に勝てないと、気づいても同じだ。せっかく高い所に昇っても、一気に堕ちてしまう。なかなか昇れない者、昇っても堕ちるもの、どっちが良いのかよくわからないが、どちらの人間も多すぎる。ここまで増えた人間一人ひとりに気づかせることは大変なことだ。ある時期が来て焦っても遅いぞ、知らぬぞ。

【五四】魂の世界、神の世界のことは一度理解しただけでは真の理解は得られない。普通の勉強もそうであろう。何度も何度も考えたり、読み返したり、そうしてようやく考えなくてもわかるようになる。一度で理解できなくても、がっかりするな、当然のことだ。ただ、諦めるな。心に残った言葉、ひっかかった言葉は覚えておけ。神の世界は複雑すぎて説明するのも難しい。人間の世界にないことがあまりにも多いからだ。すべては神になった時にわかるのだから、今は必要なことだけ分かればよい。一度興味が湧いたら、不思議とその世界に引き込まれるはずだ。引き込まれる人間が増えるとよいな。

【五五】勇気をもって決断すること、決めることが大切だ。迷っているうちは何も動かず、何のサポートもできない。決めた途端にすべてが変わり始める。未練を残して決断できずにいると、いつまでたっても先へ進めないのだ。決めることは怖い。なぜ怖いのか。先が見えないからであろう。決めても決めなくても、先は見えないのだ。であれば、決心して状況を変えたほうがよかろう。心の声に耳を澄ます、胸に手を当てるとでもいうか、必ずそこに本当の気持ちがあるのだ。できない理由を探しても始まらない、決めるのが先か、動き出してから決めるのか、それではタイミングを逃すぞ。チャンスを逃すぞ。タイミングも大事なのだぞ。次にいつチャンスがくるかわからない。素直に耳を傾けろ。余計なことは後から考えればよい。

【五六】魂の修行は長い、何度もチャレンジするからだ。しかしもう転生の必要がない魂も、自ら望んで人間になることはある。体験するためだ。体験しないとわからないことも多いからだ。体験すれば、心や気持ちも知ることができる。何度もやり直し、魂の年齢が上がっていくと、まさに経験豊富。人間としても成功する者が多いのだ。人の上に立つという意味ではない。才能を発揮する人、仕事をテキパキとこなす人、家族を愛する人、魂の大きさは、心の広さにも影響するのだ。だからこそ、せっかく経験豊富なのに、発揮できないと残念なのだ。その経験を忘却以上に忘れているからだろう。何もやりたいことがない、何をやってもうまくいかない、それは嘘だ。やるべきことに出会っていないだけなのだ。

【五七】温かい光に包まれているような、優しさに包まれているような、母親のお腹の中にいるような、そのような穏やかな気持ちは持てるか。穏やかでいるためには、心の中に不安、不満、怒りなどの感情があると難しい。すべてを受け入れ、無となり、心からの微笑みだ。決して否定せず、非難せず、ありのままを受け入れる微笑み。人間としてそうなるのは大変だな。難しかろう。でも不可能ではないぞ。世界を見渡せば、欲も持たず、生きることに感謝し、自然と共に生きている者もいるのだ。それが本来の姿だ。笑顔の消えた世界はいらない。微笑みの世界へ旅立つのだ。そこに争いは想像できないだろう。皆が微笑み、皆を思いやる世界だ。美しいな。

【五八】素直な人は、何かを決める決断力に欠けることが多い。前向きであっても、自分のことだけを考えて、進んでしまう者が多い。明るくても不平不満を口にする者が多い。バランスとはそういうことだ。完璧な人間はいない。ただバランス良く生きることはできる。一つの考えに固執することは、何の意味もなさに。他の考えを受け入れないことも意味がない。すべてを受け入れ、その上で決めるのだ、選ぶのだ。

【五九】人はみな神の子である。ひとはみな兄弟である。親子のようでありながら、子は意識しない。兄弟のようでありながら、お互いを傷つけ合う。争いはどこから生まれるのであろうか。すべて我欲から生まれる。自分だけを守りたい。自分の利益を考える。

相手の利益などお構いなしだ。自分だけが永遠に有利な立場にいられることなどないはずだ。他人のものが羨ましくて、手にいれたくなる。努力もしないで奪おうとする。他人の行動が目障りに思える。自分を変えようともしないで文句ばかり言う。争いばかりの世の中に住み続けることは幸せか。争いのない世界に行こうではないか。みなが兄弟と認めて、思いやりあふれる世界に。

【六十】われらに人間の気持ちを知ること、見ることはできない。すべて「行い」を見ているのだ。泣いているのを見て、悲しいという気持ちを見る。努力する姿を見て、頑張りたいという気持ちを知るのだ。気持ち、心があって行動するのであるから、心は大切だ。しかしどんなに心があっても、行動しなければわれらにはわからない。心が人間を動かしているのだが、動き方に差がある。行動している者のことはよくわかっておる。その行いの奥にある、心をみることができるからだ。人間だけが持っているその心を大切にしてほしい。そしてしっかり行ってほしい。

【六一】朝日が昇り、夕陽が沈む。それは太陽が生きていて、地球が生きているからこそ見られることだ。太陽のエネルギーはとても強く、様々なものに影響を与えている。地球もそうだ。宇宙の何かが変われば、全体も変わる。地球が変われば太陽系が変わり、宇宙が変わる。太陽のエネルギーを良い方向に導いていくのか、そうでないのか、とても大きな問題だ。太陽のエネルギーがなければ人間も生きられない。当たり前のように照らしてくれるその光。世界中どこから見ても一つの太陽なのだ。感謝しているか。宇宙の神秘に感謝しているか。無駄なことなど何一つない。すべて大事。

【六二】他人から見てどう思われようと、どう見られようと、その中にある信念を貫きとおすのだ。自分で決心したこと自体に迷いをもたらすことは、いつまでたっても前に進めない。決心したうえで、その先どうするのか、その日どうするのか、小さな迷いや小さな決断はあるだろう。信念は信念。強く持つのだ。どうして他人の目が気になる。他人の目とは誰の目だ。知らない者の目ばかりだろう。どう思われようと、関係ないのではないか。われらは見ているぞ、小さな行動も、その行いを見ている。それを判断するのはわれらであり、己である。他人に決められるものではない。己の中にある、強い心を貫け。

【六三】目に見えないことを証明するのは難しい。納得する者もいれば、しない者もいる。自分自身でも信じられること、半信半疑のこともあるだろう。無理に証明しようと思わなくてもよい。素直な心で信じる、時々感じるサイン、それだけで十分だ。何を証明しても信じない者は信じない。

【六四】人として考えること、魂として考えること、その両方は本来できるものではない。魂に脳のようなものがないからだ。魂として考えるということは、魂の歴史を思い出すことだ。過去を振り返れば、目指すべき方向が見えてくる。反省も達成感もすべて知ればわかる。しかし、歴史をすべて知ることはできないのだから、どうすればよいのか。己に宿っている魂に耳を傾けることだ。つまりは「無」になることだ。無になるとは、特別な修行が必要なわけではない。日常の中でいくらでもできる。人間は考えないということも苦手なようだ。少しでいい、いつでもいい、無になる時間をつくることだ。そうすれば己と向き合い、魂と向き合い、魂は神の一部であるから、われらと向き合える。

【六五】世界中で様々な種が芽を出し始めた。始まりは小さなことでも大きくなるぞ。人間は自分の身に危険が迫って、ようやく神にすがるのだ。手を合わせて天を仰ぐ。それでは遅いと教えてやりたいが、誰も聞く耳を持たない。みな自分がすべて、自分の考えがすべてなのだな。

【六六】己の弱さと向き合い、他人の弱さを受け入れ、あわてることなくすべてをそのまま受け入れるのだ。目の前で起きていること、その状況を迎えること、すべてそのまま受け入れるのだ。自分を守るために頑なに心を閉ざしていては自分すら守ることができない。心は開くもの。心を許すとは違う。心を開くとは素直になることだ。心を開いていないと何も信じられず誰のアドバイスも耳に入らない。そんなことで自分を守れるはずがない。エネルギー、波動、どんどん変化してゆく。素直に合わせる心があれば問題ない。無理やり合わせることもない。受け入れていれば自然と合わせられるのだから。

【六七】長い年月をかけて、歴史はつくられていく。人間の一生を思えば、何回その一生を繰り返せばいいのか。それほどの時間をかけて歴史はつくられていく。ゴールの目印は最初から見えている。しかしそれまでの道のりは、まっすぐには進めない。ゴールも目印しか見えないのだ。目の前まで来てそこで崩れそうになることもある。崩れてしまうこともある。だから慎重に、失敗は許されない。未来というものは、はっきりと見えるものではない。細かいことはいくらでも変化する。見えているものは目印でしかない。今生きているこの一瞬は、長い歴史の大切な一瞬なのだ。気づくものは少ないが、それが事実。

人間にしかできない、人間が成し遂げなければならない、この大きな行事。まだ全貌は見えておらぬな。それでよい。ある時目の前が開けるであろう。

【六八】遠い未来を決心することはなかなかできぬ。自分自身を思い出し、心を決めれば完全なサポートが待っている。人間は決心するまでに時間がかかる。どうしてそこまで時間がかかるのか。どうしてそこまで迷うのか、不思議でならない。わかりもしないことを悩んでも仕方がないだろう。何万年も先のことを決心するものがいれば、明日のことも決められない者もいる、おもしろいな。

決めればそこから進み出す。それがゆだねるということだ。ゆだねるとは手を抜くことではない。日々の努力あってこそのこと。その結果はゆだねればよいのだ。

【六九】人間界の次元が上昇すれば、神の世界の次元も上昇する。それぞれの世界が交わることはない。それぞれの世界がまとめて上昇するのだ。神々でさえ、次元が上昇するために訓練、慣れが必要だ。高い波動にふさわしくならなければならないからだ。選ばれた者だけが残る、次元の高い世界。自分で選んだだけだ。その結果さえも怨むようであればそれまでだな。

【七十】愛を語り、優しさを語り、真心を語り、素直さを語る。友達と呼べる相手に真剣に語ることは少ないだろう。パートナーに語れるか？　仲間に語れるか？　あたり前のことを話すと、恥ずかしいとか、いまさら話すことでもないとか、結局途中で終わってしまう。本当はもっと大事なことを話し合うことが必要なのではないか。心の奥を見せることはなくても、すべてを隠すこともない。勝手に想像して、勝手に決め付けていないか。語らずともわかるのは、魂だけ、神だけだ。人間は言葉を発さないと伝わらない。もっと語れ、伝えろ。

【七一】計画的に物事を進めることも大切だ。なるようにはなるが、直前に思いついても遅いこともある。その時のために、いま何をすべきなのか、自分の生活をどう変えておくのか、考えておくとよい。曖昧にはせず、決心することだ。決心をし、進み始めて何かが変われればまた違う決心をすればよい。すべての決心を貫き通そうとしては、我になってしまう。一度決心したらそのあとは身を任せて、手放すことだ。ただその決心が怖くてできない者が多い。あとでその決心が変化したとしても誰も何も言わない。もしものことを考えすぎだ。わからないことをとやかく考えても仕方がない。己の心を決めて、後はゆだねれば良い。大きな話ではない、日々の小さなこともすべてそうだ。

【七二】自由に生きることとは、好き勝手にすることではない。誰もが自由だ。己を管理できるのは己だけだからだ。どのような状況でも、自分の信念を貫くことはできる。他人に迷惑をかけて、好き勝手に過ごすことは自由ではない。自由と感じることがあるかもしれないが、心の奥は解放されていない。自分の意思で選び進んでいくこと。自分で決めて進んで行くこと。そこには他人に対する態度や振る舞いも含まれる。何も考えずに適当に進むことではない。本来だれもが自由なのだ。たとえ決められた枠の中にいたとしても、その中での自由があるのだ。自由とは楽をすることではない。自分で決めて困難を乗り越えていくことなのだ。

【七三】役目を持つこと、大きな役目をもつ者は自ら望み、神から選ばれた存在である。地球上で力を発揮し、アセンションを成功に導くことは我らには不可能。すべての人間たちが行動して進まなければならない。人それぞれに役目がある。大きいも小さいもない。役目を全うすることが大切だ。それこそ生きがいというものだ。自覚して生きているものは少ないだろう。

【七四】大きな役目を与えられると勘違いし始める。自分が偉大になったような気分だ。それは違うということはわかっているはずだ。大きな役目にも様々な役目がある。全く同じ役目であることはない。少しずつ何かが違うのだ。それは別々の人間として生きているのだから当然のことだ。分けられた魂が同じように生きているとは限らない。役目を自覚し生きていれば、すべてはうまくいく。サポート体制も万全だ。思いだせ、すべての人間が思い出すのだ。

【七五】他人の幸せを望むこと、地球の幸せを望むこと、それはすべて自分に還ってくる。自分の幸せばかりを望むものは、本当の幸せを手に入れることはできない。自分という存在は他人がいて存在するもの。まわりの者がみな不幸で、自分だけ幸せになどなれるはずがない。まわりのことを考えていれば、おのずと幸せは訪れる。

【七六】自分の欲をすてて地球のために、自然のために力をつくすことは、何より徳を積んでいる。その地道な努力は、必ずや実を結ぶ。日の当たらないところで努力している姿をすべて見ておるぞ。誰にも見られないと、怠けてしまう人間が多い中で、誰にも知られず努力する姿、なんと美しいことか。自分のことだけを考えていて、乗り越えられる世の中ではない。それくらいわかるだろう、そう信じたい。

【七七】朝目覚めて夜眠る。これは人間のリズムだ。そのようにプログラムされているようなものだ。朝日を浴びて脳が目覚め、身体が目覚める。そこで一度リセットされる。朝日のエネルギーで浄化されるのだ。そうはいかない生活をしている者もいるだろうが、あくまでも人間は、朝日を浴びて目覚めることを前提として創られている。自然の法則に逆らわずに生きることも大切。草花もそれぞれの法則があり、自然に生きている。魂はあるが考えることはないから、何も疑わずに自然にゆだねているのだ。考えることは時に邪魔をする。余計なことを考え、余計なことを悩む。うまく使ってほしいものだ。

【七八】苦労をしていない人間などいない。明るく前向きに生きている人間を見ると、何の苦しみも悲しみもなく生きているように見えるかもしれぬ。しかし、前向きに生きている人間ほど、乗り越えてきたことがたくさんあるのだ。

何度も壁にぶつかり、歯を食いしばって乗り越えてきた。その努力をただ語らないだけである。笑顔の奥には、たくさんの涙や苦労があるものなのだ。どうしても今見えているものだけを信じてしまう。あえて大変だったことを語るわけでも、見せるわけでもなく、前を向いて明るく過ごしている。そのことを知ることだ。今困難に立ち向かっているものは、その先には必ず明るい自分と出会えるのだ。正面から向き合い、乗り越えれば必ず出会える。

【七九】心の中の宇宙。無限大。宇宙はどこまでも広く、終わりはない。そしていつまでも大きく成長するものである。一番大きな神、そのものである。その一部が自分の中にあるのだ。宇宙があるのだ。どこまでも成長させることができる。魂の成長は己の成長であり宇宙の成長である。魂に込められた思いはおしみない愛情である。無条件に愛される魂。どのような困難にぶつかろうとも、広い心で見守っている。空を見上げる、宇宙を見上げる、こんなに小さな存在であっても、その一人ひとりは愛されているのだ。求めなくても愛されているのだ。

【八十】ちょっとした後悔はあって当然。素直に認めて反省し、次はこうしようと思えばよいだけのこと。それを悪く考えてしまっては、進まないどころか悪循環。完璧に物事を進めることは不可能なのだ。思い通りに進まないこともたくさんある。ただ、後悔の念にかられてどうしようもないことを悩み続けることは意味がないぞ。水に流す。そこまできっぱり忘れることはできなくても、小さなことにこだわりすぎて、立ち止まるのはもったいない。とにかく素直さだ。素直さなくして成長はない。自分の考えを持っていても、素直に他人の話を聞くことだ。最初から素直に聞き入れない。まだそんな人間が多いのだ。素直さこそ、成長のエネルギー。

【八一】祈りはただ願うこととは違う。自分の未来、自分のことだけを考えて、案じて、祈るものではない。純粋に大きなものへ、誰かに、祈りの心を届けるのだ。祈りは神にすがるものでもない。ただ願い事をお願いするものでもない。

そのあたりをわかっているものは本当に少ない。手を合わせれば自分の願いを唱えるものだと思っている。それはそれでかまわない。願ったうえで努力すればよいのだから。本当に祈りを届けるためには、相手を想い、素直に光を届けたいという気持ちがなければならない。自分のことより他のこと。そう思えるくらいでないとな。しかし自分のことより他のことを考えられれば、必ず自分に還ってくるのだから、願いもかなうというものだ。

【八二】あらたな気持ちでなにかを始める時、余計なことを考えず、今までのことをすべて忘れて真っ白な気持ちで始めるとよい。今までの経験はすべて魂が覚えているのだから、そこにとらわれてはいけない。せっかく新たな一歩を踏み出すのだから、まっさらな一歩にしてほしい。誰もが時に決心し、改心し、新たな一歩を踏み出す。その一歩は小さくても大きな一歩なのだ。その一歩があるかないかで未来は大きく変わる。未来は今の先にあるのだ。今という時の行いはすべて影響するのである。

【八三】生まれてから大人になるまでの間に、いったいどれだけの体験をしただろうか。一つ一つ思い返してみれば、すべてを思い出せないほどの体験をしている。いったい何人の人間と出会ってきたことだろうか。一人ひとりの顔や名前をすべて思い出すことはできないだろう。とても大切に思っていた人のことを、今は名前すら思い出せないこともある。人には、その時々に必要な人間が集まり、出会えるのだ。だから、今連絡がとれない人、疎遠になった人のことを考える必要はない。いまの自分にとって必要な人間はもう出会っている。そして次のステップに進むためにまた出会う。出会ったすべての人といつまでもコンタクトをとれるわけがないのだから、今の環境の中にいる人々を大切にすればよい。

それで良いのだ。

【八四】氣を、エネルギーを感じると熱くなるだろう。同じエネルギーでも、様々なものがある。夢を見ながら吸収するエネルギー。誰かから受け取るエネルギー。力の強い場所に行って受け取るエネルギー。元は同じでも、少しずつ違うのだ。そのすべてを吸収すれば、自分の中にたくさんのエネルギーを蓄えることになる。電気もそうだが、エネルギーを発する時には熱が生まれる。宇宙からのエネルギーは人間がつくりだしたものとは違うが、何かが動く時、エネルギーを発するときには熱が生まれるのである。熱く感じるのは蓄えたエネルギーを発している証拠だ。

【八五】次元が一つ上昇するということは、人間が空を飛ぶことができるようになったり、瞬間移動できるようになったり、例えばだが、それほどの変化がある。上の次元に行けば行くほど、その次元の差は大きくなる。人間には想像もできない世界の話である。魂の元をたどっていくと、その想像もできない世界からきているのだ。だから頭ではわかっていなくても、知っているということだ。上昇に終わりはない。何次元になろうとも、終わりはない。3次元が押し上げられれば、上の次元も押し上げられる。そうやって宇宙は、世界は成長していくのだ。成長のない物事など何もない。たとえどれほど偉大な存在であっても、成長していくのである。

【八六】その日その日をどのように過ごすのか。何も考えずに一日を終えてしまうことも多々あるだろう。今日という日を始められることに感謝し、どのように過ごしたいのか、何をしようとしているのか、予定でよいからしっかり口にするといい。それは一日一日を大切にすることになる。時間には限りがある。それは人間としての時間だ。なんとなく過ぎてしまった時間は取り戻すことができない。今日が昨日に変わる前にできることをする。なりたい自分でいる。それを積み重ねていくことだ。大きなことばかりではない。小さなことを積み重ねていくのだ。

【八七】困った時の神頼み。他力本願。自分のことを自分で責任をとることができない。これでは全く次のレベルへ進めない。人のせい、環境のせいにするのはやめることだ。気付かぬうちに人のせいにしている。そして己の努力を過信する。努力にも終わりがない。十分に努力していると思ってしまってはおしまいだ。努力の先にある次なる努力。人と比べなくてよい。自分自身と比べるのだ。昨日までの自分と今日の自分、少しは成長しているか？　昨日より努力しているか？　すべての人間がもっと自分のことに興味をもつことだ。心を与えられた美しい存在、人間として生まれてきたことに興味をもつことだ。人と人とのつながりは、すべて運命。今、目の前にいる人間、同じ環境にいる人間、すべて運命の人。良くも悪くもつながりがある。しっかり心得よ。

【八八】気持ちを伝える時には、真心を伝えることだ。一方的に伝えなければならない時こそ、真心を添えるのだ。納得などできないこともある。理解などできないこともある。それでもそこに真心があれば、相手の心に届くはずだ。

ただ伝えるだけであっても、相手の心を感じ、考えることだ。それができなければ真心は生まれない。心をこめる。簡単なようで難しい。何事にも心をこめていれば、自然と理解してくれる人が現れ、自然と伝わるものだ。しかしそう心配することはない。誰も責められない。誰も見捨てられない。そこに真心がある限り、心配することはない。どんなに涙を流しても、訴えても、真心があるかどうかで違うのだ。伝わり方が違うのだ。

【八九】物事の変化には一瞬で変わるもの、ゆるやかに変わるものがある。どちらが正しいわけでも、優れているわけでもない。一瞬で変わってしまっては意味のないこともある。変化の過程を知ってこそ意味をなし、成長となるからだ。しかしスピード感を求められることに関しては一瞬で変わる。その変化に気づく必要もないからだ。自分自身の変化にいつでも気がつくわけではない。自分のことはなかなかわからないものだ。しかし周りにはわかる。その変化の影響が表れる。自分の変化を知りたければ、周りを見ることだ。周りの人、環境、物質的なものすべてだ。空を見上げただけでも気付く。氣がつくはずだ。

【九十】宇宙の奥深くまで繋がる者、地球に繋がる者、魂の基は人それぞれだ。本当のスタート地点はすべて同じである。分裂し魂として生まれたスタート地点はそれぞれなのである。遠い宇宙で生まれた魂も、地球を求めてやってくる。それほどに地球は注目されているのだ。魂の基はすべて記憶している。そこを基として転生を繰り返すからだ。

計り知れない量の記憶だ。たった一人の人間、たった一つの魂では体験できることが限られる。人間には時間の制約もある。たくさんのことを体験するためには、魂を分けてそれぞれが体験の旅に出て、そしてその体験を統合すれば大きな体験をしたことになる。魂の基がどこにあるのか、すべての人間が知る必要はない。知る者もいる。自分以外の分身、分魂の体験を知っている魂の基は、自分に対してもたくさんのことを教えてくれる存在であるということは、知っておいたほうが良いな。

【九二】進み始めたその道は明るい未来につながっている。決心して初めて動き出す。様々な想いに負けずに心を決めることは、勇気がいることだ。進み始めたら止まらない。動き始めればもう止められないのだ。経験はすべて宝だ。何一つ無駄なことはない。そして今の結果、今日という日の結果につながっている。明るい未来を思い描くことだ。楽しい未来を想像することだ。キラキラと輝いた時間を過ごしたいだろう。疑うことなく、決めた道をまっすぐ進むのだ。道の途中で新しい何かを手に入れることもある。何かに気がつくこともある。その道は冒険なのだ。たくさんの宝を見つけ出し、力にしていく。楽しい旅なのだ。

【九二】新しい地球、新しい生活、新しい道、新しく何かがスタートする時には、必ず古いものの浄化が必要であり、何かを捨てて前に進む苦しみがある。その苦しみは一時的なものだ。そこを乗り越えなければ新しい物事は始まらない。

新しい地球に行くために、すでに様々な浄化が進んでいる。まだまだこんなものかと安心してはならぬ。今は一人ひとりの人間がエネルギーの調整をしている。すっかり適応できた者もいれば、全く拒否して適応しない者、適応しようともがいている者。本人は気付いていなくても調整は着々と進んでいるのだ。

【九三】波動が高くなると、そのレベルで物事を考えられるようになります。より先を見据えることができるのです。次元が上がれば上がるほど、時間とのかかわりが深くなります。それだけ広い目で見ることができる。しかし低い波動を持ち続ける人間のことも理解しなければならない。理解することは必要だが、そこまで波動を下げることはない。レベルの高さはエネルギーの高さ。波動の高さであります。高いレベルを維持することも大変であり、努力が必要になります。いままでの努力はすべて力となり、光に変えて届けることができます。すべてに届く光。すべてを包み込む光。まだ成長できていない人間たちを少しでも導くことができるように。

【九四】神の世界では役割というものがはっきりしている。それは最初から決まっていて、最初から認識しているのだ。その役割に疑問を持つこともない。自分という存在に疑問を持つ時、それは誰かと比べて何かを考えているからではないか。自分の役割を認めたくない、それでいいのかと考える時は、まわりのことを考えていないか。様々な考えを持つことも必要ではあるが、他人と同じである必要はない。同じ人間はいない。人間としての役割も、魂としての役割も、全く同じ人間はいない。だから比べることもないし、比べられないのだ。他人にどう思われても関係ないのだ。自分がどうしたいかだ。人の目を気にすることはない。考えることはない。

【九五】世の中、地球上で様々なことが起こっている。すべてが予定どおりにいくとは限らない。その時はその時だ。できる限りのことをすればよい。大きな結果は変わらない。見極めていかねばならぬ。本当に手を差し伸べるべき者なのか。力になってくれるのか。完全な悪はいない。しかし振り分けられる魂もいるのだ。厳しい現実。葛藤にも打ち勝たねばならぬ。気付いた者が実行するのだ。よいな。

【九六】夢で見た風景、記憶に残る言葉が重要なこともあれば、見た夢の状況が重要なこともある。その時々によって違うのだ。伝えられるメッセージも同じだ。その中のどこに注目し、何を考えるのか、それぞれの人間が考えなければならない。同じ言葉を聞いても受け取り方は人それぞれ。同じように受け取ることもあるだろう。言葉は言葉であり、その奥の意味、エネルギーが大切なのだ。人から人へ伝えられる言葉もそうだ。たくさんのエネルギーを乗せて届けられる。受け取る側のレベルによって受け取れるものが違うのだ。何を感じられるか、知らないうちにそこでレベルがはっきりと分かれているのだ。

【九七】物事を考える時、自分の視点、相手の視点、その他の視点。様々な角度から考えることだ。その他の視点というのは幅広い。神の視点、その他大勢の視点、親の視点、子の視点……。自分の方向から見たことだけを考えてしまうと、それは頑固な考えになる。同じ物を見ても、見る角度が違うと見え方は違う。違っても、どれが正解でも不正解でもない。同じことを考えても違った見方があるのは当然のことだ。結果的に何を受け入れるかが答えだ。様々な見方をすべて受け止め、考えて答えを導き出すことだ。誰でも自分が正しいと思っている。自分で見たものが一番信じやすいからだ。それはそれとして、他の考えを尊重することが大切だ。

【九八】自分なりの生き方を貫いていけばよい。目指す場所は同じであっても、その歩幅、行く道はそれぞれ違うのだ。役目が違うのもこのことだ。すべての人間が目指すところは一つ。大きな目的は一つだ。そのためにそれぞれの役目があり、それぞれが働き、全体が成功するように進んでいくのだ。人間として避けられない現象もあるだろう。それは人間の醍醐味だと思って楽しめ。われらは病気も怪我も何も体験できないのだ。魂が成長すればそれだけ余裕がでてくる。大きな目で、心の目で物事をとらえることが、できるようになるからだ。人間性を保ち、霊性を保ち、人間性を磨き、霊性を磨き、常にバランスをとることだ。それぞれに最高のバランスがある。それは人それぞれだ。バランスが変化することもあるが、常に穏やかに保つことだ。

【九九】無になることは、ありのままでいることだ。すべての始まりは無。何かを考える時、無からスタートすることだ。無から始まらない考えは余計な考えが入っている。一瞬でいいのだから無から始めることだ。今日という日も一度リセットして無になり、そこから始めることだ。無の状態も訓練だ。コツをつかめばいつでもなれるだろう。方法は人それぞれのようだな。光として見ると無になった瞬間にその光はきれいに輝く。そのきれいな状態であれば、たくさんのメッセージを受け取り、良い考えが浮かぶのだ。誰にでもできることだ。無の感覚を覚えてほしい。

【百】ほとんどの人間が漠然とした不安をかかえている。未来に希望を持っていない。夢を持っていない。それを人のせい、環境のせいにしている。もちろんどのような未来がくるのか、何の保証もなければ証明もできない。納得して進むことなどできないだろう。目に見えない未来を信じること、希望を持つことができるならば、目に見えない世界のことも信じられるはずだ。誰もがその能力をもっている。生きていれば、すべてが証明された世の中ではないことがわかるはずだ。希望をもつことだ。その能力を与えられた存在が人間なのだ。信じることだ。その源を自分の中に見つけ出すことだ。やがて未来は今となり過去となる。その先に向かって努力することだ。

怖いと感じることは、見えぬ世界、想像のできない世界、自分の考えが及ばないから怖いのだ。何が起こるか分かっていれば、怖くはないのだ。知らないことが突然現れるのではないか、わからないことが怖さなのだ。でもそれは仕方がない。明日のことなど誰にもわからない。それを怖いと思うか、落ち着いていられるのか。怖いと思う自分も受け止めることだ。怖くないふりをしなくてよい。すべて受け止めれば、知らない自分が少しは減少し、自分を知ることで怖さは減る。本来は恐怖などないのだ。勝手におびえているだけだ。自然体でいることだ。無となりありのまま感じ、ありのまま受け止め、ありのままでいることだ。無駄に抵抗しようとするから怖いのだ。何も怖くない。何も恐れることはない。

第二部のおわりに

神様からのメッセージはいかがでしたか。お言葉をいただいた順番で、書かせていただきました。世の中の状況は日々変化しています。メッセージを受け取った時々で、様々な事件、自然災害などがありました。その時だからこそ、深く理解できたお言葉もあります。逆に、その時にはわからなかったけれど、今だから理解できることもあります。

世の中が変化するように、私自身も日々変化しています。受け取るメッセージの内容が、少しずつ変化してきていることも、感じ取っていただけたのではないでしょうか。中には解釈が難しい内容もありますし、理解できないこともあるかもしれません。しかし、時間がたって後から理解できることもあるのです。

今回ご紹介させていただいたメッセージは、ほとんどがサナートクマラ様からのメッセージです。サナートクマラ様といっても、実はお一人ではありません。人間には理解しがたいことですが、サナートクマラ様という存在は複数名いらっしゃるのです。そして、そのお遣いの方の人数たるや、数えきれないことでしょう。ですから、同じ神様からいただくメッセージでも、日々内容や口調が少しずつ違います。でもそれは、どれが正しいとか、正しくないということではありません。その時、その瞬間に、必要なメッセージを、その時に必要な神様が伝えてくださっているからです。

どの神様からのメッセージであるかも、大切ですが、受け取り手がどのように受け取るかが、一番大切です。ぜひまた時間をおいて、読み返していただければと思います。きっと新しい発見があるはずです。

今も毎日受け取っているメッセージを、ぜひまた皆さんにご紹介できればと思っています。その時には、今よりも、もっと深く理解できますように……。

あとがき

これから先、新しく進んだ世界では、私たち人間は、目に見えるすべてを、新しいと感じるかもしれません。見たこともない世界と、感じるかもしれません。場合によっては「破壊」と感じるかもしれません。でも、そこから始めていかなければならないのです。

一からのスタート。ゼロからのスタートかもしれません。そのことに苦しみを感じるような人間は、もしかしたら五次元の世界には行かれないのかもしれません。大変な状況に見えても、不思議と穏やかでいられると、神様はおっしゃいます。新しい価値観を、人々が協力しながら創っていくような世界になるのでしょう。新しい価値観を創り出すために、真の指導者も必要ですし、協力し合う仲間も必要です。今、一人ひとりが気づくこと。そして、新しい世界を創り上げる仲間になることです。

その先の未来のために、私たちには何ができるのでしょうか。人それぞれ役割があります。自分にできること、自分にしかできないこともたくさんあるのです。この本を手にとってくださった皆さんは、ぜひ神様からのメッセージの中にヒントを見つけて、一歩を踏み出してください。

カンノン様からいただいたお言葉のなかに、最初の一歩はただ踏み出すだけで、次の一歩で初めて好きな方向に進める。というメッセージがありました。踏み出す一歩がどんなに重くても、その一歩を踏み出さなければ、次の一歩は踏み出せない。その先の未来は変わらないということです。その一歩がどんなに小さな一歩でも、未来は変えられます。

私は、これからも毎日メッセージを受け取り続けます。この本が世の中に出る頃には、私にとっては大きな一歩を踏み出していると思います。決心して初めてすべてが動き出すという神様からのお言葉を胸に、一歩一歩進んでいきます。

毎日いただくメッセージは日々変化しています。私自身もたくさんのことを学び、たくさんの気づきがありました。すでに第二弾の原稿を書き始めていますので、また皆さんにたくさんのメッセージをお届けできるように、そして、一人でも多くの方と、新しい世界を創り上げる仲間になれますように、私自身努力し続けます。

最後になりましたが、私をここまで育ててくださったA先生、出版にあたり相談にのってくださった、明窓出版の麻生さん、いつも見守ってくださる神々様、そして何より、この本を手にとってくださった皆さんに、感謝の気持ちを伝えたいと思います。
本当にありがとうございました。

朝日れみ

著者プロフィール

朝日　れみ（あさひ　れみ）
1975年　大阪府生まれ
ダンサー、振付師、テーマパークMC、司会者、タロット占い師、エステシャン、学童保育指導員など、さまざまな職業に就いてきた。
タロットカードと出会った頃から、心の感じるままに、パワースポットや神社・仏閣を訪れるようになる。
ある出会いをきっかけに、神様からのメッセージを受け取るようになり、一人でも多くの方にメッセージを届けるため、執筆活動、講演活動を行っている。

ブログ　http://ameblo.jp/remi-asahi/

光《ひかり》の文明《ぶんめい》
第一集《だいいっしゅう》　魂《たましい》の記憶《きおく》

朝日《あさひ》　れみ

明窓出版

平成二十四年四月八日初刷発行
発行者――増本　利博
発行所――明窓出版株式会社
〒一六四―〇〇一二
東京都中野区本町六―二七―一三
電話　（〇三）三三八〇―八三〇三
FAX　（〇三）三三八〇―六四二四
振替　〇〇一六〇―一―一九二七六六
印刷所――シナノ印刷株式会社
落丁・乱丁はお取り替えいたします。
定価はカバーに表示してあります。

ISBN978-4-89634-300-7
ホームページ http://meisou.com